특수교사와 일반교사를 위한 인성 지침서

교사!
그 아름다운 이름

임경옥 저

# 시작하는 말

**교사에게 처음이자 마지막 삶의 터전인 교육현장에서 아이를 애인처럼 생각하는 행복한 교사들과 차 한 잔을 건네며 마주 앉아 나누고 싶은 담소(談笑)**

지금까지 20여 권의 저서를 집필하였는데, 유독 이 책은 가장 애착이 가는 반면 집필과정이 가장 힘들었다. 누구에게 나를 드러낸다는 것이 쉽지 않았기 때문이다. 그리고 나의 인성에 대한 점검이 아직도 진행 중인데 인성을 논한다는 것이 많은 부담으로 다가왔기 때문이다. 그러나 이를 계기로 지금까지 살아온 나의 인생을 반추하고 교사 시절을 되짚어 보면서 때로는 미소로, 때로는 눈물로 추억이라는 여정을 거슬러 올라갔다. 되돌아보면 실수도 많아 부끄럽지만 처음처럼의 마음을 잊지 않고 초임교사 시절부터 지금까지의 경험을 차 한 잔의 여유를 가지고 편안한 마음으로 나누고자 한다.

나는 25년이라는 세월을 현장에서 보냈다. 20년 동안 특수교육기관을 운영하면서 개성이 강하고<sub>나는 우리 아이들을 개성이 강한 아이라고 부른다</sub> 느린 아이들을 만났다. 그리고 5년은 어린이집에서 아이들의 웃음 속에서 행복한 교사로 빛나는 시절을 보냈다. 현재는 대학에서 인성이 겸비된 예비보육교사를 양성하는 데 사명감을 가지고 정성과 열정을 쏟고 있다.

교사는 사람을 변화시키는 신성한 직업이다. 그래서 나는 교사는 하늘이 내린 직업이라고 서슴없이 말한다. 교사라는 직업은 진흙탕에 핀 연꽃처럼 고귀하며, 잘 다듬어진 보석같이 빛나는 존재임과 동시에 존중받아야 하는 직업이다. 교사는 무엇보다 먼저 아이를 애인처럼 생각할 수 있어야 한다. 그리고 기본적으로 인성을 갖추고 있어야 하며, 자신의 교육철학이 뚜렷하게 정립되어 있어야 한다. 더불어 사명감이 투철해야 하고 신에 가깝게 '도'를 닦아야 한다. 그래서 나는 교사가 아니라 '도사'가 되어야 한다고 말한다. 교사에게 현장은 삶의 시작이자 마지막이 될 수 있는 터전이 되어야 한다. 생명이 살아 움직이는 현장에서 생명의 키움을, 배움의 나눔을 실천해야 한다.

이 책은 크게 다섯 영역으로 나뉘어 있다.

'교사! 그 빛나는 이름'에서는 교사로서 기본적으로 갖추어야 하는 자질과 책무, 인성이 겸비된 교사의 가치관에 대한 정립과 더불어 교사의 자세와 중요한 역할을 함께 생각해 보고 나누고자 하는 마음을 엮었다.

'현장! 열정과 추억의 이름'에서는 현장에서 만난 아이들의 개별적인 특성과 개성이 강한 아이들에 대한 추억, 예비보육교사의 실습에 대한 글을 담아 현장에서 경험할 수 있는 상황을 전달하고자 하였다.

'교육! 그 두려운 이름'에서는 교육의 진정한 의미와 교육에 대한 가치관을 돌아보고 새로운 교육의 물꼬를 다시 열어야 하는 이유와 더불어 교육의 본질을 찾아야 하는 이유를 논하고자 하였다.

'엄마! 아이보다 하루만 더 살고 싶은 엄마라는 이름'에서는 개성이 강한 느린 아이를 키우고 있는 엄마들의 아픔과 희망 그리고 사랑을 담아 삶의 무게가 무겁지만 온 힘을 다해서 버티고 있는 엄마라는 이름으로 살아가는 삶을 담았다.

마지막으로 '일상! 그루터기가 되어 마주한 이름'에서는 부끄럽지만 나의 개인적인 가치관과 삶의 대한 시선, 생활에서 마주치는 잔잔한 이야기를 담아 나의 민얼굴을 여과 없이 드러냈다.


이 책이 나오기까지 말없이 지켜봐 주고 격려해 준 지인들과 마음을 담아 정성스럽게 표지를 작업해 준 딸 수지에게 '고맙다'는 말로 무한한 애정과 사랑을 보낸다. 그리고 오늘의 나를 형성해 주고 나의 긍정적 사고와 가치관에 절대적인 영향을 미친 그리고 어릴 때부터 교사가 되라고 하신 나의 어머니의 혜안에 '사랑해요'라는 말과 함께 감사의 마음을 전한다. 또한 이 책이 날개를 달고 세상으로 날아갈 수 있도록 출판을 허락해 준 학지사에도 향기 나는 따뜻한 차 한 잔을 대접하고 싶다. 그리고 무엇보다 녹록지 않은 현장에서 아이들의 삶 속에 들어가 동고동락을 함께 하는 교사들에게 현장을 사랑하는 동료로서의 존경과 감사를 표한다.

오늘도 아이들과 함께하는 교사들이 행복하기를 기원하며

2019년 1월

저자 임경옥

# 차례

# 현장! 열정과 추억의 이름 • 71

## 일상! 그루터기가 되어 마주한 이름 • 241

# 교사!
# 그 빛나는 이름

　　　　　　　　　세상에서 사람을 변화시킬 수 있는
몇 안 되는 직업 중 하나가 교사이다. 사람을 변화시킨다는 것은 성
직자처럼 소명의식이 있어야 한다. 그러므로 교사가 되려면 가장 먼
저 교육에 대한 뚜렷한 철학과 가치관을 정립하고 있어야 한다. 그
리고 자신에 대해 긍정적이어야 하며 본인을 잘 성찰할 수 있어야
한다. 또한 열정적이며 건강해야 하고, 아이들을 예민하게 관찰하고
잘 케어할 수 있어야 한다. 더불어 교사와 아동, 부모, 동료들과도
원만한 관계를 유지해야 한다. 그래서 교사는 어쩌면 '교사'이기 이
전에 도를 닦는 '도사'가 되어야 하는지도 모른다.

## 선생님들에게 부치는 편지

### 스승의 기도

도종환

날려 보내기 위해 새들을 키웁니다
아이들이 저희를 사랑하게 해주십시오

(중략)

저희가 당신께 그러하듯
아이들을 아끼고 소중히 여기며
거짓없이 가르칠 수 있는 힘을 주십시오
아이들이 있음으로 해서
아이들이 용기와 희망을 잃지 않게 해주십시오
힘차게 나는 날개짓을 가르치고
세상을 올곧게 보는 눈을 갖게 하고
이윽고 그들이 하늘 너머 날아가고 난 뒤
오래도록 비어 있는 풍경을 바라보다
그 풍경을 지우고 다시 채우는 일로
평생을 살고 싶습니다
아이들이 서로 사랑할 수 있는 나이가 될 때까지
저희를 사랑하게 해주십시오
저희가 더더욱 아이들을 사랑할 수 있게 해주십시오

교사! 이름만 들어도 다이아몬드처럼 빛이 납니다. 날려 보내야 하는 새를 해마다 키운 후 날아가고 나면 비어 있는 아득한 하늘만 쳐다보게 되는 것이 교사입니다. 그 슬픈 하늘을 보며 교사는 눈물 한 줌 훔치고 또다시 새들이 힘찬 날갯짓을 할 수 있도록 희망을 가르칩니다. 그러기에 '가르친다'는 것은 날마다 나를 비워야 하는 고된 작업입니다. 하지만 때로는 아이의 인생에 나침판이 되기에 그 끈을 부여잡고 놓지 못합니다.

현장에서 살아 움직이는 생명을 키우는 교사라는 직업에 무한한 긍지를 가지고 있는 선생님! '교사'라는 그 빛나는 이름을 포기하지 말아요. 어렵고 고된 녹록치 않은 교사라는 직업을 천직으로 여기고 오늘도 교사의 기도를 드리고 있는 수많은 선생님! '교사'라는 그 아름다운 이름을 잊지 말아요.

단 한 명의 교사에게 잠시 동안의 위로가 된다 할지라도 진심으로 존경과 감사하는 마음을 담아 새처럼 날아가지 않도록 꼭꼭 동여매어 드리고 싶네요.

# 01

# 아이를
# 애인처럼

우리는 애인에 대해 머리에서 발끝까지 끊임없는 관심을 가지고 알고 싶어 한다. 이것은 사랑의 기반이기도 하고 넘치는 애정의 발로이기도 하다. 오죽하면 노래에도 있지 않은가? 김종국이라는 가수가 불렀던 '사랑스러워' 노래. "워~♬ 머리부터♬ 발끝까지 다~♬ 사랑스러워."

생각해 보라. 우리가 애인을 만나러 갈 때의 그 설렘을, 그 가슴 두근거림을, 그 따뜻함을. 앉으나 서나 사랑하는 사람을 향해 촉각을 곤두세우고 모든 관심을 집중했던 경험을. 우리는 누구나 이러한 풋풋한 추억을 하나쯤 가지고 있을 것이다. 이 경험은 우리가 인생을 살아가는 데 자양분이 되기도 하고 가끔씩 아련한 추억을 꺼내 보며 미소 짓게도 만든다.

이처럼 사랑하는 사람을 향한 것과 같은 설레는 마음으로 아이들을 만날 수 있다면 그것은 축복이고 행운이다. 그래서 나는 예비교사인 새내기들의 첫 수업 시간에 교사가 되려면 '아이를 애인처럼'만 생각해라, 그러면 교사로서 게임아웃이라고 말한다. 자기가 맡은 반의 아이를 애인처럼 생각하는 교사라면 애인에게 집중되는 애정 어린 관심만큼만 자기 반 아이들에게 그렇게 할 수 있다면 그 교실은 행복한 교실이 될 것이다. 왜냐하면 아이가 뭘 원하는지, 뭘 바라는지 교사가 물어보지 않아도 저절로 알 수 있기 때문이다. 머리에서 발끝까지 가슴으로 보내는 끊임없는 관심이 그렇게 만드는 요소이다.

그래서 나는 오늘도 지속적으로 외친다. '아이를 애인처럼' 여기라고. 생각만 해도 행복하지 않은가? 아이를 애인처럼 생각하는 교사를 만날 수 있다면. 그래서 아이들도 교사를 만나기 위해 일어나자마자 선생님을 만나겠다고 유치원이나 어린이집을 가자고 부모를 조른다면…….

멋지지 않은가? 아이를 애인처럼 생각하는 교사.

## 02

# 처음처럼!
# 교사로서의 출발

　우리는 교사로 출발하기 전 누구나 아이들 눈높이에 맞추어 교육하는 멋진 교사가 되겠다는 각오로 새내기 교사생활을 시작한다. 즉, '처음처럼'이라는 단어가 주는 설렘과 다짐 그리고 희망을 안고 우리는 교사로서 첫발을 조심스럽게 내딛게 된다.

　그러나 어느 날 문득 뒤돌아보면 '처음처럼'의 마음을 잊어버리고 멋진 교사가 아닌 직업인으로서의 교사인 자신의 모습과 마주하게 된다. 하나의 직업임에는 틀림없지만 교사는 사람을 변화시키는 직업이기에 다른 직업과의 차이가 있다. 그럼에도 불구하고 우리는 교사로서의 초심을 잊고 살 때가 많다. 즉, 아이의 눈높이에 맞추는 것이 아니라 내 눈높이로 아이들을 바라보고 있음을 인식조차 못하고 있는 것이다.

　텍사스 사우스 웨스턴 의과대학 교수인 조셉 골드 스타인Joseph Leonard Goldstein은 '언제나 초심자와 같은 마음가짐으로 매 순간을 새롭고 신선하게 인식할 때 우리는 비로소 행복한 경지를 맛본다.'고 하였다. 그러므로 교사는 행복하기 위해서라도 교사로서의 초심을 잃지 말아야 한다. '처음처럼'의 마음을 보석처럼 소중하게 간직해야 한다. 처음의 순수한 마음이 담긴 '설렘'을 잊지 않고 기억하며 각인해야 한다.

　지금은 고인이 된 성공회대 신용복 교수의 『감옥으로부터의 사색』이라는 책에서 나오는 '처음처럼'이라는 시는 나에게 교사로서의 첫 출발 때 가졌던 초심을 잃지 않고 새로운 각오를 다지게끔 항상 일깨워 준다. 신용복 교수는 소주 브랜드 '처음처럼'의 붓글씨를 써 주고 높은 판매율을 올려 화제가 되기도 했으며, 대가로 받은 1억 원은 모두 성공회대학교에 기부하여 나눔을 실천했다. 어쩌면 신용복 교수는 교육자로서 스스로 '처음처럼'의 마음을 잃지 않은 사람일 수도 있다. 나는 오늘도 내가 교사로서 어디에 서 있는지를 반추하기 위해 신용복 교수의 '처음처럼'이란 시를 가만히 되뇌어 본다.

　　처음으로 하늘을 만나는 어린 새처럼
　　처음으로 땅을 밟고 일어서는 새싹처럼
　　우리는 하루가 저무는 저녁 무렵에도
　　아침처럼 새봄처럼
　　처음처럼 다시
　　새 날을 시작하고 있다.

　하루하루를 '처음처럼' 시작하자. 아이를 만나는 매일이 새 날임을 잊어버리지 말자. 처음 가졌던 그 순수와 열정을 기억하자. 아이를 만나러 가는 내 발걸음에 설렘과 고운 사랑을 안고, 아이의 얼굴에 가을 햇살처럼 반짝이는 미소를 만들어 주러 가자. 어린아이의 마음 같은 천국을 내 마음에도 담고 세상에서 가장 빛나는 아이를 만나러 가자.

교사! 그 아름다운 이름

## 03

# 교사라는
# 매력적인 직업

성직자와 교사는 사람을 변화시킬 수 있는 대표적인 직업이다. 어느 직업이든 소중하지 않은 직업이 있겠냐마는 교사라는 직업은 그래서 특별하다. 왜냐하면 사람을 변화시킬 수 있는 몇 안 되는 직업 중 하나이기 때문이다.

그러나 나는 요즘 우스갯소리로 사람을 가장 빨리 변화시킬 수 있는 직업은 성직자나 교사가 아니라 성형외과 의사라고 한다. 이는 내가 존재하고 있는 교육 현장에서 실감하고 있기 때문이다. 실제로 방학이 지나면 쌍꺼풀 수술부터 코 융비술까지 수술을 통해서 자신의 모습을 변화시키고 오는 학생들을 만나게 된다. 그런데 놀라운 것은 이 학생들의 겉모습만 변한 것이 아니라 수술 전과 후의 태도가 너무나 다르다는 것이다. 겉모습과 함께 마음까지 변한 것이다. 즉, 성형을 통해서 자긍심이라는 놀라운 선물을 받은 것이다.

나는 가끔 성형외과 의사가 하늘땅만큼 부럽다. 교사로서 성형외과 의사만큼이나 아이들에게 놀라운 선물을 하고 싶은데 마음만 조급해져 동동거린다. 한편으로는 나의 조급함이 아이들에게 해가 될까 두렵기도 하다. 기다림보다 빠름으로 승부를 내려고 하고 과정보다는 결과물에 집착하기도 한다.

교사가 되고자 하는 열망이 생긴 뒤부터, 쇠가 불속에서 연마되는 수많은 과정을 거쳐 그 인고의 세월을 거친 후 사람이 가장 잘 사용할 수 있는 하나의 도구로 탄생되듯 나는 끊임없이 자신을 담금질했다. 때로는 성찰로, 때로는 기도로 자신의 부족함을 마주하면서 나를 조금씩 채우기 위해 담금질함으로 교사가 되기 위한 준비를 하나씩 해 나갔다. 그럼에도 불구하고 여전히 역부족이다.

교사라는 매력적인 직업을 갖기 위해서는 교사로서의 매력과 품격을 갖추고 자신의 직업에 대한 긍지를 가지고 있어야 한다. 그리고 교사로서의 자질도 갖추고 있어야 한다. 교사의 자질은 스스로 갖추는 것이다. 따라서 본인이 자신을 점검하면서 교사로서의 자질을 갖추고 있는지 검토해야 하며, 부족한 부분은 스스로 채워나가기 위해 끊임없이 노력하고 전력을 다해야 한다.

교사는 건강한 정신과 더불어 건강한 몸을 바탕으로 인격을 갖추고 있어야 하며, 교육에 대한 사명감과 철학, 아이에 대한 존중 및 이해와 애정을 바탕으로 자신만의 교육 철학이 나름대로 정립되어 있어야 한다. 그리고 적절하게 효과적으로 아이를 지도할 수 있는 교수능력과 더불어 적극적이고 항상 노력하는 자세와 원장 및 동료 교사, 학부모들과 원만한 관계를 유지할 수 있는 의사소통 능력도 함께 겸비해야 한다. 또한 서로 협력하는 자세와 아이를 위해 공동 노력하는 자세, 나와 다름을 수용할 수 있는 열린 마음을 지니고 있어야 한다.

사람을 변화시키는 교사라는 직업, 너무 매력적이지 않은가?

# 04

# 아이 중독

　우리는 가끔씩 중독에 대한 이야기를 한다. '마약중독' '알코올 중독' '게임 중독' 등 이러한 중독처럼 교사는 아이에게 '중독'되어야 한다.

　난 가끔씩 스트레스가 쌓일 때마다 다음에 들어가서 '샘샘마트'라는 게임을 한다. 같은 것을 많이 모아 없애는 아주 단순한 게임이지만 처음 게임을 접했을 때는 너무 재미있어서 화장실에 가는 것도 참고, 밤을 고스란히 새우기도 하였다.

　중독이 무조건 나쁘지만은 않은 것은 나는 '샘샘마트'를 하면서 인생을 배우기 때문이다. 조금 과하게 욕심을 부르면 여지없이 작살난다. 순간의 선택이 너무 중요한 경우도 있다. 끝나고 나면 '그렇게 하지 않았으면' '조금만 욕심을 덜 부렸으면 좀 더 높은 점수를 받았을 텐데…….' 하고 후회도 가끔 한다. 게임 하나에 인생사 사람 사는 법이 들어 있었다.

　때로는 게임을 통해 중요한 깨우침도 얻는다. 아이들에게도 게임과 같은 수업을 할 수만 있다면 저절로 신나고 재미있는 수업이 될 것이라는 점이다. 그래서 요즘 나에게는 게임과 같은 수업을 어떻게 할 수 있는지가 가장 큰 과제와 고민거리이다. 그리고 중요한 것은 '샘샘마트'를 하면서 왜 학생들이 수업 중에도 게임을 하는지 이해하게 되었다는 사실이다.

요즘도 난 자주 '샘샘마트'를 하면서 중독의 의미를 다시 한번 생각해 본다. 언제 어느 곳에서든지, 무엇을 하고 있든지 아이들을 생각할 수 있는 교사, 아이들을 생각하면 저절로 미소를 짓게 되는 교사, 아이에게 중독된 '아이 중독' 교사이다.

해바라기 같은 아이를 향한 갈구와 열망. 이 갈구와 열망이 나를 성장시키고 아이를 성장시킬 수 있다면 나는 아이에게 중독되어도 좋다. 내가 '아이 중독' 바이러스가 되어 다른 교사들에게도 '아이 중독'을 전염시킬 수 있길 바란다. 그리하여 내 중독이 다른 교사를 중독시키고 다른 교사가 또 다른 교사를 중독시킬 수 있는 '아이 중독'을 전염시키는 교사가 되자.

## 05

# 비빔밥 같은
# 교사

　비빔밥은 한국 사람들이 가장 즐겨하고 좋아하는 음식 중 하나이다. 평소에 섭취하기 어려운 갖은 나물에 고추장과 참기름을 넣어 쓱쓱 비벼 먹으면 감칠맛이 난다. 과학적으로 영양가가 뛰어날 뿐만 아니라 맛도 좋다. 그래서인지 기내식에서도 가장 인기 있는 메뉴가 비빔밥이라고 한다. 외국인에게도 잘 알려져 있고 한국에 오면 먹고 싶은 음식 중 하나란다. 나도 많은 음식 메뉴 중에 비빔밥이 있으면 스스럼없이 선택할 정도로 비빔밥을 좋아한다.

　비빔밥을 보면서 교사의 자질과 책무를 생각한다. 교사이기에 사명감을 가지고 있어야 하며, 교사이기에 성실해야 하고, 교사이기에 열정을 가지고 있어야 한다. 그리고 교사이기에 건강해야 하며, 교사이기에 온화해야 하고, 교사이기에 아이들과의 약속도 잘 지켜야 한다. 더불어 교사이기에 공감능력이 뛰어나야 하며, 교사이기에 나눌 줄도 알아야 한다. 교사이기에 아이들을 존중하고 섬세하게 배려할 줄도 알아야 한다. 세상의 많은 단어를 교사라는 단어 앞에 다 갖다 붙여도 교사의 자질과 책무는 말로 설명하기 부족하다. 게다가 아이들의 발달수준에 대한 이해와 개인의 특성에 대한 파악, 아이를 잘 케어할 수 있는 기술과 지식도 갖추고 있어야 한다. 동료교사 및 부모와의 협력뿐만 아니라 적절한 의사소통 기술에 상담능력까지 겸비해야 한다. 이 정도면 사람이기를 포기하고 거의 신에 가까워야 한다.

이렇게 교사의 뒤에 따라오는 사명감, 성실, 열정, 건강, 온화, 약속, 공감, 나눔, 배려, 아이들에 대한 이해와 전문적인 기술, 지식, 협력, 의사소통 기술, 상담능력이라는 단어들을 잘 섞어 비빔밥을 만들면 교사라는 신 메뉴가 탄생되는 것이다. 각종 맛난 나물과 고추장, 참기름, 깨소금을 완벽한 비율로 넣어 비빈 세상에서 가장 완벽하게 맛있는 비빔밥처럼.

남들은 좀 서툴러도 교사도 다 배우면서 하는 거라지만 난 생각이 다르다. 교사에게는 연습이 없다. 아이들을 지도한 경험을 바탕으로 다른 아이를 지도할 수 있는 역량을 키워나간다면 처음 만난 아이들에게 너무 죄스럽지 않은가? 그러므로 할 수만 있다면, 될 수만 있다면 교사는 처음부터 완벽해야 한다. 이를 위해 예비교사 시절부터 자신을 가꾸고 자신을 다듬질하기 위해 끊임없이 노력해야 한다. 가장 맛있는 비빔밥을 아이들에게 먹일 수 있는 교사야말로 가장 교사다운 교사가 아니겠는가? 따라서 나는 오늘도 고민한다. 아이들에게 가장 맛있는 최고의 성찬을 대접하기 위한 교사가 되기 위해서.

교사! 그 빛나는 이름

# 06

# 쉼표 같은
# 교사

우리사회는 '마침표'나 '느낌표' 같은 사람을 원한다. 그러나 나는 예비교사들에게 '쉼표' 같은 교사가 되라고 강조한다. 잠깐 '멈춤'을 할 수 있는, 그래서 '쉼표' 같은 교사가 되어 만나는 아이에게도 쉼을 줄 수 있는 교사가 되라고 한다. 쉼은 힐링healing이기 때문이다.

모두가 바쁘다고만 아우성대는, 그래서 빨리빨리가 일상화된 생활 속에서 멈춤은 후퇴가 아니라 자신을 돌아볼 수 있는 여유를 준다. 조금 느리게 가더라도 주변을 둘러볼 수 있는 느림의 여유와 미학, 이러한 여유를 가진 교사와 함께 자란 아이들은 여유 있게 느림의 미학을 배우는 것이 가능하지 않을까? 그러므로 우리는 총성이 울리면 잽싸게 '요이 땅' 하는 아이보다 천천히 가는 아이를 키워 보자. 그러면 세상이 좀 느리게 가더라도 행복하지 않겠는가?

정목 스님이 집필한 에세이 『달팽이가 느려도 늦지 않다』 중에는 이런 구절이 나온다.

'강물이 느리게 흐른다고 강물의 등을 떠밀진 마십시오.

액셀러레이터도 없는 강물이 어찌 빨리 가라 한다고 속력을 낼 수 있습니까?

달팽이가 느려도 달팽이를 채찍질하지도 마십시오.

우리가 행복이라도 믿는 많은 경우 행복이 아니라 어리석은 욕심일 때가 대부분입니다.

우주의 시계에서 달팽이는 느려도 결코 늦지 않습니다.'


빠르게 가는 것이 능사가 아님에도 불구하고 어느새 우리는 빨리빨리에 너무나 익숙해져 자신이 왜 사는지도 잊어버리고, 어디로 가고 있는지, 무엇을 향해 가고 잊는지도 잊어버리고 살 때가 너무 많다. 빠르지 않으면 뒤처져 있는 것 같아서 왠지 모르게 이유 없이 불안하다. 이 불안은 조급증을 불러일으키고 그래서 우리는 더 빨리 가기를 외친다. 돌아보면 등 떠밀려서 살아온 것 같은 시간들이다. 숨이 턱까지 헉헉거릴 정도로 그냥 달려오기만 한 것 같다. 정신적인 여유를 잃어버리고 모든 상황에 예민해져 있다. 쉼을 잃어버린 것이다.


식사는 즐기면서 해야 한다는 것이 나의 신조 중에 하나이다. 그럼에도 불구하고 작년과 올해, 한 해에 몇 권씩의 책을 집필하는 동안 나는 속도 중독증에 걸려 있었다. 심지어 밥 먹는 시간이 아까워 가족이 자리를 비운 방학 기간 동안에 바나나로 한 달을 버티기도 하였다. 그리고 외출 시에도 오로지 배고픔을 모면하고자 운전을 하면서 차 안에서 과일이나 빵을 먹었다.

어떤 때는 바쁘다는 핑계로 전화 통화도 사무적으로 하고, 누가 만나자고 하면 "책 집필 끝나고."라는 말을 입에 달고 살았다. 그러는 와중에 주변 지인 중 다음에 만나자고 약속하고 영원히 못 만난 가슴 아픈 일도 겪었다.

요즘은 삶에 브레이크를 거는 것을 잊어버리고 속도 중독증에 시달리는 사람들이 넘쳐나고 있다. 그러나 교사는 한 템포 멈출 줄 알아야 한다. 너무 빨리 가는 것 같으면 스스로 속도를 조절하고 돌아온 길을 되짚어 보고 다시 한번 자신을 추슬러 한 걸음 한 걸음 나아가야 한다. 이러한 교사를 통해서 아이들은 삶을 여유롭게 관조하고 자신을 돌아보며 주변과 남을 배려할 줄 아는 사람으로 자라게 된다.

아이들에게 때로는 직선보다 곡선이 더 가치 있다는 것을 알려 주는 교사가 되자. 때로는 돌아감이, 느림이 더 의미가 있다는 것을 일깨워 주자.

교사! 그 아름다운 이름

## 07

# 거멀못 같은
# 교사

21세기 교사는 '거멀못'과 같아야 한다. 교사와 교사, 교사와 영유아, 영유아와 영유아, 교사와 부모 사이의 벌어진 곳을 이을 수 있는 거멀못 같은 교사! '거멀못'에 대하여 국어사전에서는 '나무 그릇 따위의 터지거나 벌어진 곳이나 벌어질 염려가 있는 곳에 거멀장처럼 겹쳐서 박는 못'이라고 설명하고 있다.

이렇게 관계를 이어 통합할 수 있을 때 생명은 움직이게 되고 통업統業을 이루게 된다. 바로 여기에서 새로운 관계가 탄생하고 행복한 교육의 싹이 움트게 되는 것이다. 우리는 그동안 '거멀못' 같은 역할을 해야 함을 잊고 있었다. 나만 잘하면, 나만 교사로서의 책무를 다하면 모든 것이 순조롭게 잘 이루어지리라 생각했었다.

그러나 21세기 교사는 분리가 아닌, 이어질 때 자기의 존재를 드러낼 수 있다. '거멀못'이 있어야 살아 움직일 수 있는 축제 같은 교육이 이루어질 수 있는 것이다. 그러므로 교사는 언제 어느 곳에 있든지 '거멀못' 같은 역할을 할 수 있어야 한다.

통通하고 합合해서 통합할 수 있는, 서로 공존할 수 있는 역할을 해야 한다. 식물들이 어우러져 살면서 계절과 시기를 달리하여 각각 공존하고 전통과 현대가 공존하듯이 우리도 서로 함께 손잡고 공존해야 한다.

나는 가끔씩 학생들을 태우고 갈 때도 차창 밖으로 쓰레기를 버리기도 한다. 거리가 너무 깨끗하면 청소부가 실업자가 될 수도 있으므로 공존하는 사회를 만들기 위해 가끔씩은 쓰레기도 버리라고 말한다. 단 자연적으로 분해되는 쓰레기여야 한다는 조건을 달고.

공존이 삶을 살리고 공존이 세상의 평화를 만들고 공존이 생명을 살린다. 이 공존의 의미가 어쩌면 '거멀못'과 닿아 있는지도 모른다. 따라서 요즘 시대에는 분리를 이어줄 수 있는 '거멀못' 같은 교사가 더욱 필요하다. 공존을 가능하게 하는 '거멀못' 같은 교사. 아름답지 않은가?

교사! 그 아름다운 이름

## 08
# 아이의 영혼을
# 키우는 교사

교사는 어쩌면 아이들의 영혼을 키우는 어머니인지도 모른다. 즉, 교사가 보여 주는 태도와 말이 그대로 아이의 자양분이 되어 아이들의 영혼을 자라게 하는 것이다. 따라서 교사는 어쩌면 아이들의 정신적인 어머니일 수도 있다. 그러므로 교사는 늘 깨어 있어야 한다.

우리 집에는 식물이 많다. 식물은 참 묘하다. 아동학대 사건 현장을 수습하느라 정신없는 시간을 보내고 난 후, 뒤늦게 식물에 대한 생각을 하게 되었다. 물 주는 것조차 깜빡 잊어버리고 있었음을 알았다. 그런데 이미 몇 그루의 식물이 죽어 있었다. 고작 2주도 채 지나지 않았는데 식물은 그렇게 혼자서 죽어 있었던 것이다. 미안함과 자책감이 들었지만 이미 살릴 수가 없었다. 몇 주 후에는 또 한 그루가 죽었다. 며칠 전부터 비실비실하던 나무가 안쓰러워 물을 과하게 준 탓에 뿌리가 썩어버린 것이 원인이었다.

식물은 매일 살펴 주고, 때로는 잎을 닦아 주고, 흙이 말랐는지를 세심하게 관찰한 후 적절하게 물을 주어야 한다. 너무 과해도, 너무 부족해도 안 된다. 잎을 깨끗하게 닦아 준 식물은 반짝반짝 윤이 나게 자신의 빛을 발하지만 먼지가 쌓인 잎은 축 처져 있다. 사람의 손길에 식물도 빠르게 반응을 보이는 것이다. 물만 필요한 것이 아니라 적당한 온도와 바람과 햇빛도 필요하다.

내가 보살펴 주는 지속적인 관심에 보답이라도 하듯이 식물은 때로는 아름다운 꽃을 피워 주기도 하고, 때로는 분갈이를 해야 할 정도로 자신과 똑 닮은 식물을 번식시켜 나에게 기쁨을 선물해 주기도 하고, 잠시 바라볼 수 있는 쉼을 주기도 한다. 그리고 일상에 지친 나를 힐링시켜 주기도 하는 고마운 존재이다.

어쩌면 영유아들도 이렇게 식물과 닮아 있는지도 모른다. 교사의 사랑이라는 영양분을 먹고, 교사의 관심이라는 자양분을 섭취한다. 더불어 교사의 보살핌이라는 적당한 온도에서 교사의 따뜻한 눈길이라는 살랑거리는 바람을 맞으며, 교사의 미소라는 햇빛을 받아 마음도 몸도 무럭무럭 자라고 있는지 모른다. 그러기에 교사의 무관심이 아이들의 영혼을 죽게 만들고 있는지도 모른다. 그러나 지나친 관심도 뿌리를 썩게 한다.

사람들이 식물이 건강하게 자랄 수 있도록 모든 정성을 쏟는 것처럼 교사도 아이들을 위해 모든 정성을 쏟고 끊임없이 보살펴 주는 것이 필요하다. 아이가 행복할 수 있도록 환한 미소를 지을 수 있도

교사! 그 아름다운 이름

록 세심하게 식물을 보살피듯 지속적으로 따뜻한 눈길과 미소와 애정으로 토닥거려 주어야 한다.

그래야 아이들도 튼튼하게 뿌리를 내리고 잘 성장한다. 그래야 아이들도 꽃을 피우고 과일을 맺는다. 그래야 아이들의 영혼은 생명을 얻는다. 이러한 교사의 관심과 사랑이 주어질 때 아이들은 전인적인 발달과 더불어 건강한 민주시민으로 자랄 수 있을 것이다.

## 09

# 공감능력과
# 교사

공감능력이란 타인의 상황과 감정을 이해하고 내 일처럼 느낄 수 있는 능력을 말한다. 이는 단순하게 상대를 이해하는 수준이 아니라 마음으로 듣고 마음으로 느낄 수 있는 능력이라고 할 수 있다.

공감능력에 대한 많은 연구 중에서도 Repacholi와 Gopnik[1997]의 18개월 영아를 대상으로 한 연구는 우리에게 많은 시사점을 안겨 준다. 즉, 연구 결과에 의하면 18개월 영아도 다른 사람의 입장을 이해하는 것으로 밝혀졌다.

이들은 실험에서 아이들이 좋아하는 크래커와 싫어하는 브로콜리를 앞에 놓고 실험자가 크래커를 먹으면서 메스꺼운 표정을 지어 보이고, 브로콜리를 먹으면서는 맛있다는 표정을 지어 보였다. 이후 실험자가 영아에게 먹을 것을 달라고 손을 내밀자 18개월 된 영아들 중 70%는 자신이 맛있다고 여기는 크래커가 아닌, 실험자가 맛있다고 표현한 브로콜리를 주었다. 이와 같은 실험은 18개월 정도만 되어도 상대방의 반응을 살피고, 그에 따라 행동할 수 있다는 것을 보

교사! 그 아름다운 이름

여 준 사례라고 할 수 있다.

상대방의 상황을 알고, 상대방의 기분을 같이 느끼며 적절하게 반응해 줄 수 있는 '공감' 능력은 남녀에 따라서 차이가 있는 것으로 밝혀졌다.

2011년 EBS에서 방영된 '아이의 사생활-제1부 남과 여'에서는 남녀의 공감능력과 체계화 능력의 차이를 보여 주고 있다. 엄마가 망치를 내리치다 손을 다친 척하고 아픈 표정을 보여 주자 생후 24개월 여자아이는 엄마의 아픔에 공감하여 눈물을 흘리거나 울상을 지었다. 반면 남자아이는 무슨 일이냐는 듯 엄마를 말똥말똥 쳐다보기만 하거나 한 번 쳐다보고는 자기의 장난감에 열중하는 등 별 반응이 없다. 공감능력은 여아가 더 빨리 발달하는 것이다.

아이의 공감능력은 사랑받는 아이로 자라게 한다. 뿐만 아니라 자신을 위해서도 타인을 위해서도 교사는 아이들에게 공감능력을 키워 주어야 한다. 그러기 위해서는 교사가 먼저 공감능력을 가지고 있어야 한다. 왜냐하면 공감은 교육이나 훈계로 이루어지는 것이 아니라 공감을 받아 봄으로써 형성되기 때문이다. 따라서 공감이 이루어질 때 진정한 소통이 시작된다. 소통은 통하는 데서 시작되고 이는 공감하는 데서 출발한다. 이러한 공감능력이 전염병처럼 전염되어 있는 사회는 행복하고 아름다운 사회이다.

## 10

# 이차정서와
# 교사

'일차정서'는 누구나 가지고 태어난다. 가장 기본이 되는 기쁨, 슬픔, 분노, 공포 등은 거의 본능에 가까운 정서이다. 그러나 '이차정서'는 사람에 따라 다르다. 첫돌이 지난 후 획득되는 '이차정서'는 자기를 인식하고 나와 상대를 구분하면서부터 생긴다. 대표적인 이차정서는 '양심, 수치심, 부러움, 당혹감, 죄책감' 등 복합적인 정서적 반응을 나타낸다.

2세경이 되면 '당황, 질투심, 저항' 등과 같은 정서가 나타나면서 정서는 더욱 풍부해지고 다양해지며 구체적으로 자신의 정서를 인식하게 된다. 그리고 세 살 정도가 되면 자신의 감정뿐만 아니라 타인의 감정도 인식하고, 감정 간의 차이를 알게 되어 다른 사람에게도 많은 관심을 보인다.

여기서 중요한 것은 '이차정서'의 획득이다. 누구나 가지고 있는 '일차정서'와 달리 '이차정서'는 타인을 통해 배우고 습득하게 된다. 그러므로 '이차정서'는 모든 사람이 다 똑같이 갖는 것은 아니다.

교사! 그 아름다운 이름

'이차정서'가 중요한 이유는 '세월호' 사건만 보아도 알 수 있다. '세월호'의 선장이 '이차정서', 즉 양심, 죄책감 등을 제대로 획득하였더라면 사건 발생 직후 배가 침몰하도록 두고 제일 먼저 빠져 나오지는 않았을 것이다. 그리고 아직 피어 보지도 못한 젊은 인재들이 그렇게 허무하게 생을 마감하고 대한민국을 슬픔에 빠뜨리지는 않았을 것이다.

'세월호' 사건은 유명한 '타이타닉호' 사건과 오버랩overlap된다. 타이타닉호의 선장 에드워드 존 스미스는 백만장자 선장임에도 불구하고 타이타닉호가 침몰하는 순간까지 승객들을 구조하고 물이 차오르는 선박실에서 마지막에도 끝까지 방향키를 놓지 않다가 장렬하게 사망했다. 그리고 안산 단원고등학교의 교감선생님은 자신이 구출되고 많은 학생들이 살아오지 못함에 교육자로서 죄책감을 느껴 스스로 목숨을 끊으셨다고 한다. 후자의 경우들은 '이차정서'가 잘 획득된 대표적인 사례라고 할 수 있다.

이 사건은 교사의 역할에 대한 중요성을 다시 생각하게 한다. 배움을 통해 습득되는 '이차정서'를 아이들이 잘 획득하기 위해서는 교사의 '이차정서'가 잘 습득되어 있어야 한다. 아이들은 부모를 통해서도 '이차정서'를 습득하지만 많은 시간을 교사와 함께 보내는 아이들은 교사가 모델링이 되어 '이차정서'를 적절하게 발달시킨다. 그러므로 영유아기 시절 교사의 역할의 중요성이 더욱 강조되는 이유 중

교사! 그 빛나는 이름

하나이다.

　모든 사람들이 '이차정서'가 잘 습득되어 있다면 사회는 보다 평화롭고 세상은 보다 아름다울 것이다. 그래야 모두가 행복하게 살 만한 세상이 되지 않겠는가?

## 11

# 특수교사에 대한
# 시선과 편견

　내가 특수교사라고 하면 남들은 흔히 "아이구, 그 힘든 일을." "아
휴, 그거 아무나 못하는 건데 내가 보니까 천사 같더라구요. 착하신
가 봐요." "대부분 종교를 가진 사람이 하던데. 종교가 없으면 못할
것 같아요. 무슨 종교예요?" "나중에 복 받을 거예요." "대단하셔요.
일반 애들도 힘든데 장애 애들을 데리고 어떻게 교육을 하는지 난 억
만금을 주고 하라고 해도 못할 거예요. 존경스러워요."라고들 한다.

　그런데 난 착하지도 않고 천사도 아니고, 나중에 복 받을 생각은
더더욱 없다. 그리고 종교를 가지고 있지만 종교의 영향 때문은 아
닌 것 같고 특별한 사람만 할 수 있는 직업은 더군다나 아니다.

　내가 특수교사가 되겠다고 결심하게 된 계기는 우연찮게 찾아왔
다. 대학시절 삶에 대한 고민은 기독교 교육을 선택하게 했다. 방학
을 이용해 봉사활동을 하기 위해 혼자 우연히 찾아가게 된 마산의
'홍익 재활원'. 이곳이 나의 생의 방향을 바꾸게 될 줄은 나도 몰랐
다. 몸과 마음이 불편한 아이들과 함께 먹고 자고 생활하면서 이들을
교육하고 있는 수녀님과 교사들은 나를 새로운 세계로 인도했다.

당시 놀이치료, 언어치료라는 말이 생소했던 시대에 이곳에서는 놀이치료와 언어치료가 시행되고 있었고, 교육을 받으면서 거북이 걸음만큼이지만 조금씩 좋아지는 아이들을 보면서 경이로움과 매력을 느끼게 되었다. 아이들을 보면서 묘하게 가슴이 뛰었다. 마치 무지개를 본 아이처럼. 이것이 내가 특수교사를 꿈꾸게 된 계기였다. 지금도 그때의 묘한 설렘이 무엇인지 잘 모른다. 그러나 나는 아직도 그때의 설렘을 기억하고 있다.

이러한 경이로움은 현장에 들어와서 감동으로 선사받곤 했다. 발화를 못하던 아이가 누구나 하는 "엄마."라는 발음을 처음으로 했을 때, 엄마는 평생 못 듣는 말인 줄 알았다고 눈물을 흘리셨다. 혹자는 "엄마."라고 말한 것이 뭐가 그렇게 대단하냐고 반문할지 모르지만 우리는 얼싸안으며 마치 축제 같은 분위기를 만들었다.

자신만의 벽을 쌓고 누구에게도 문을 열어 줄 것 같지 않던 평소에 무표정했던 아이가 미소를 보이던 날, 그 황홀감에 빠져 보지 않은 사람은 특수교사가 얼마나 매력적인 직업인지를 잘 모른다. 그리고 양파 껍질 까듯이 하나하나의 매력을 감칠맛나게 보여 주는 특수교육 현장은 이렇게 말 한마디에 울고 웃는 감동이 흐르는 곳이다. 이곳에서 나는 특수교사가 되었음에, 특수교사임에 긍지를 가지고 매번 감사드리며 특수교사라는 매력적인 직업을 자랑하고 사랑한다.

교사! 그 아름다운 이름

# 12

## ~답다는
## 제자리 찾기

어느 날 제 나라의 경공이 공자에게 물었습니다.

"어떻게 하면 정치를 잘 할 수 있습니까?"


그러자 공자가 대답했습니다.

"군군신신부부자자(君君臣臣父父子子)."


임금은 임금다워야 하고,

신하는 신하다워야 하고,

아비는 아비다워야 하고,

자식은 자식다우면 됩니다.


　이는 각자가 자신의 역할에 충실해야 한다는 의미일 것이다. 아이는 아이다워야 하는데 애어른 같으면 마음이 무겁다. 엄마는 엄마다워야 하는데 감독관 같으면 슬프다. 그 이유는 ~답지 않기 때문이다. 그러기에 우리는 자신의 맡은 직책이나 지위에 맞는 행동과 태도를 보일 때 '~답다'라고 말한다. 자기가 편리한 대로 학기도 마치지 않고 퇴사하는 것은 책무의식도 없는, 다시 말해 교사답지 않기 때문에 할 수 있는 행동이다.

　오랜 기간 동안 같은 직업에 종사하다 보면 특이하게도 그 사람에게서 그 직업의 고유한 향기가 풍겨 나온다. 그러므로 교사로서의 향기를 풍길 때 사람들은 그 향기를 맡고 교사임을 안다. 우리는 교사이기에 교사다워야 하고 교사의 향기를 풍겨야 한다. 그래서 남들에게 교사답다는 말을 들어야 한다. 교사답다는 말은 교사에게 최고의 칭송이다.

# 13

## 창의성과
## 틀

　교사가 많은 틀을 가지고 있으면 아이들도 그 틀에 갇혀 생각하게 되고 창의성이 발휘될 수 없다. 어느 날 100명이 넘는 원장교육 현장에서 대답하기 곤란한 질문을 받았다. 선생님이 교통교육을 했는데 빨간불에 건너면 안 되고 파란 신호등이 들어올 때 건너야 한다고 했단다. 다음 날, 아이가 와서 "우리 엄마가 빨간불인데 '뛰어.'라고 해서 엄마랑 손잡고 뛰었어요. 어제 선생님이 빨간불에는 건너면 안 된다고 했는데……." 선생님이 난감해서 아이에게 답을 못해 주고 내일 대답해 주겠다고 했단다. 그리고 교사가 어떻게 답을 해 주어야 할지 모르겠다고 원장님께 물어보더란다. 자기도 대답을 제대로 못해 주었다고 나보고 이럴 땐 어떻게 말해 주어야 하는지를 물어왔다. 순간 200개의 눈이 나를 주시했다. 참으로 난감한 순간이었다.

　난 순간 "모든 사람에게 적용되는 것은 아니고 이건 순전히 내 개인적인 주관이기 때문에 그리고 나의 방식이 옳다고 말하는 것이 아니기 때문에 '아~ 저렇게 생각하는 사람도 있구나.' 생각하시고 각자 판단해야 해요. 딴지 걸지 마시고요."라고 말한 후 우리 아이에게 교육시킨 방법을 얘기했다. "난 한 번도 우리 아이에게 파란불에 꼭 건너야 한다고 말한 적은 없어요. 다만 네가 치여 죽지 않을 자신이 있으면 그냥 네가 필요할 때 알아서 건너라고 했어요. 네 자신은 규범이나 법보다도 더 귀한 존재이기 때문에 법이나 규범에 너를 구속하지 말라고요. 다만 하나님이 모든 인간에게 준 법보다 더 준수해야 할 양심이 이미 있기에 네 양심을 속이지는 말라고 했습니다. 그래서 난 지금도 필요하면 빨간불에도 건너고, 아이를 태우고 차를 운전하면서도 교통경찰에 걸리지 않을 자신만 있다면 그냥 판단해서 움직이라고 하고 나도 그렇게 하고 있습니다. 적절한 대답이 될지 모르겠지만 파란불에 꼭 건너야 한다고 말한 적이 없어 그 물음에 내가 이렇게밖에 대답해 드릴 수 없습니다. 그렇다고 내가 교통규범을 무조건 안 지키는 것은 아닙니다. 사고위험이 있는 곳에서는 누구보다 철저하게 지킵니다. 다만 아무도 없는 곳에서 빨간불이 켜져 있으면 주위를 살핀 후 그냥 건너가거나 지나갑니다." 말이 채 끝나기도 전에 여기저기서 웅성거리기 시작했다.

결국 그날 교육을 주최하였던 곳에서는 난감한 상황을 맞이했단다. 어떻게 그럴 수가 있냐고 따지러 온 원장이 무지 많았단다. 이런 상황이 벌어질까 봐 내 개인적인 주관임을 미리 밝히고 저렇게 생각하며 살고 있는 사람도 있을 수 있구나 정도로만 생각하고 각자 판단하라고 말했는데도 자신의 틀 안에서 나를 맞추어 넣지 못한 것이다.

미국의 심리학자 밀턴 에릭슨Milton H. Erickson은 '손가락 지문이 다 다르듯이 사람마다 세상을 바라보는 시선은 독특하다. 이 세상에 똑같은 사람은 없다. 그러니 다른 사람을 대할 때 사람은 이러해야 한다는 식의 내 관점에 끼워 맞추려 해서는 안 된다.'라고 말했다.

창의성은 모든 것을 획일화하는 데서 말살되어 버린다. 우리는 한 집에서 자라난 형제자매가 아님에도 불구하고 우리에게 누군가가 원숭이가 좋아하는 것이 무엇이냐고 물어보면 서슴없이 '바나나'라고 말하고, 백설공주의 외양을 말해 달라고 하면 십중팔구 같은 답이 나온다. 단발머리에 하얀 피부와 빨간 입술, 파란색 퍼프소매에 노란색 원피스가 자동으로 떠오른다. 이것은 어찌 보면 획일화의 무서운 현상이다. 우리는 왜 긴 머리에 파마를 한 백설 공주, 청바지를 입은 백설 공주의 모습을 단 한 번도 생각하지 못하는 것일까?

우리는 혹시 자신도 모르게 하나의 잣대로 모든 것을 평균화해야 마음이 편안해지는 것은 아닐까? 만약 우리가 백설공주의 이야기를 그림 없이 들었다면 어떤 현상이 나타날까? 아마 열이면 열 명의 백설공주 모습이 나올 것이다. 이것이 창의성이다. 그래서 난 보육교사 승급교육이나 직무교육, 원장교육, 영아교육 시 가능하면 아이들에게 그림 없는 동화를 들려주라고 한다. 그리고 몇 번 반복 후 아이들에게 주인공에 대해 혹은 등장인물에 대해 물어 보라고 한다. 어떤 대답이 나오는지……

1급 승급교육이 끝날 무렵 한 교사가 커피 한 잔을 주면서 잠깐만 이야기를 하자고 하였다. 2급 승급교육 시 내가 그림 없는 동화를 들려주라고 한 말을 듣고 반신반의하면서 아이들에게 들려주었더니 정말 놀라운 상황이 벌어졌단다. 아이들의 다양한 의견을 접하고 경험하면서 지금은 어린이집 전체 교사들이 그림 없는 동화를 들려주고 있다고 했다. 그리고 원장선생님이 꼭 감사하다는 얘기를 전해 달라고 하셨단다.

　교사가 자기의 틀을 가지고 교육을 하면 아이들의 창의성은 꽃을 피우지 못한다. 그러므로 교사는 자기의 틀이 있다 할지라도 그것을 교육에 적용하는 것은 금물이다. 나는 아니지만 상대는 그렇게 생각할 수 있다는 것을 수용해야 한다. 사랑은 남자와 여자가 해야 한다고 생각하고 있는 교사일지라도 동성애에 대한 부분도 인정해야 한다. 내가 안 하면 되지 그것을 남도 하면 안 된다고 생각하고 강요해서는 안 된다. 어떠한 상황이든 어떠한 생각이든 수용될 때 창의성은 빛을 발한다.

　틀이라는 것은 묘해서 한번 만들어지면 더 견고하게 쌓이게 된다. 웬만해서는 무너지지도 않는다. 교사가 틀을 많이 가지면 가질수록 아이에게도 많은 틀을 만들어 주게 된다. 그러므로 내가 가지고 있는 틀이 행여 아이의 창의성을 잠재우는 것은 아닌지, 창의라는 싹을 트지도 못하게 잘라 버리고 있는 것은 아닌지 심각하게 고민해 보아야 한다. "남들이 반항이라고 말할 때 엄마는 용기라고 말합니다."라는 광고를 본 적이 있다. 이 광고를 보면서 나는 엄마 대신 교사를 대입시켰다. 교사가 믿어 주고 격려해 주고 스스로 할 수 있도록 지켜봐 줄 때 아이의 창의력은 쑥쑥 자란다.

교사! 그 빛나는 이름

# 14

# 교사의
# 인성

현장에 오랫동안 있으면서 많은 교사를 만났다. 똑똑하지만 자기 것 다 챙기는 이기적인 교사와 느리지만 남을 배려하고 아이들을 정말 사랑하는 교사, 항상 웃는 모습으로 모두를 기분 좋게 하지만 이것저것 잘 챙기지 못하고 흘리고 다니는 교사, 모든 부모님들이 자기 아이를 맡기고 싶어 하는 교사, 제발 우리 담임은 아니길 바라는 교사 등 각양각색의 교사들이 있다. 그러나 교사들은 모두들 한 곳을 바라보고 있다. 아이에 대한 해바라기이다.

그럼에도 불구하고 요즘 현장에서는 교사다운 교사가 없다고 아우성이다. 조금만 혼내면 다음 날 출근도 하지 않은 채 퇴사하겠다고 말하는 교사, 학기 중에 갈 곳을 정해 놓고 인수인계 날짜를 자기가 정하여 통보하는 교사, 아예 잠적해버리고 연락도 안 되는 무책임한 교사, 심한 경우에는 아버지까지 동원해서 원장에게 따지러 오게 만드는 교사 등 기본이 안 되어 있는 교사가 너무 많다고 한다. 그래서 다들 이구동성으로 인성에 대한 이야기를 한다. 무엇보다 인성이 먼저 갖추어져 있어야 한다고 말한다.

교사! 그 아름다운 이름

현장에서 요구하는 것은 비슷하다. 기본적인 인성이 함양되어 있지 않으면 아무리 실력 좋은 교사라도 입사하고 나서 온갖 문제를 다 일으킨다고 한다. 그래서 원장님들은 교사를 부탁할 때 꼭 당부한다. 인성이 제대로 갖추어져 있는 교사를 보내 달라고. 인성이 갖추어지지 않은 교사는 아이들에게도 부모들에게도 오랫동안 많은 상처를 남긴다. 좋은 교사가 많은데도 불구하고 부모들은 자기가 경험한 한 교사에 대한 상처로 인하여 마음 놓고 아이를 맡겨도 괜찮을 만한 교사가 없다고 말한다. 그리고 교사들을 신뢰하지 못하고 아이를 맡겨 놓고도 불안하다고 말한다. 이는 우리가 반성하고 자책해야 할 부분이다.

얼마 전 원장님들의 모임에 참석할 기회가 있었는데 원장님들은 한숨 섞인 어조로 부모들이 자식을 도대체 어떻게 교육시키는지 한심할 때가 많다고 하였다. 이런 부모 밑에서 자라 교사가 된 경우 아이들이 도대체 뭘 보고 배울지 걱정이 된다고 한다. 아이들은 교사를 닮아가기 때문에 교사는 기본적인 소양으로 인성을 가지고 있어야 한다. 그럼에도 불구하고 현장에는 기본적으로 인성이 결핍된 교사가 의외로 많다는 것이 사실이다.

일례로 어느 교육기관은, 평가인증이 있어 각 반마다 청소를 깨끗하게 해 놓으라고 지시한 후 각 교실을 점검하러 갔는데 어수선한 교실이 깔끔해져 있더란다. 원장님이 "수고했다."고 말하는 순간 교실에 세워져 있던 조그마한 장에서 물건들이 와르르 쏟아졌다고 한다. 행여 아이들이 다칠까 봐 가슴을 쓸어내린 원장님은 순간 어이가 없었다고 한다. 모든 물건들이 어수선하게 장으로 집합되어 있었고 심지어는 장 밑으로 들어가 숨어있는 교구들도 많더란다.

그리고 한 원장님은 평가인증 때문에 청소를 하라고 지시한 주의 토요일에 근무를 하고 있었는데 한 아주머니가 들어오더란다. 상담하러 온 학부모이거나 아이의 할머니인 줄 알고 물어 보았더니 교사 이름을 대면서 교사의 어머니인데 교실이 어디냐고 물어보더란다. 왜냐고 물었더니 딸 대신 교실 청소를 해 주러 왔더란다. 더 심한 경우엔 파출부를 보내기도 하는 황당한 상황을 경험한 원장님도 있었다. 이런 부모 밑에서 자란 교사들에게 무엇을 더 바라고 요구해야 할지 저절로 한숨이 나온다고 토로했다.

실제 아이를 케어care하는 기술적인 부분은 현장에 들어가면 대부분 6개월 정도면 익숙해진다. 그러나 오랜 세월 동안 습관처럼 형성된 인성은 기본적으로 잘 변하지 않는다. 인성은 가정교육으로부터 시작되어 성장과정을 담고 있다.

인성이 갖추어져 있지 않으면 교사들끼리 반목을 시키고 어린아이처럼 내 편, 네 편을 만든다. 권모술수에 능해 진실을 가리고, 세치 혀로 분란을 조장한다. 그러므로 예비교사를 배출해 내는 교육자들은 이점에 주목해야 한다. 뼈를 깎는 아픔으로 예비교사 시절 인성을 갖출 수 있는 혹독한 교육과 훈련을 시켜야 한다. 하나의 지식을 더 습득하게 하기보다는 교사의 자질과 책무의식을 심어 주어야 하며, 교육에 대한 가치관을 정립할 수 있도록 교육시키고 도와주어야 한다. 그래야 현장에 행복과 평화의 물결이 넘친다.

# 자아성찰

교사는 교육에 대한 교육철학이 있어야 한다. 교사로서 가져야 할 교육철학, 어쩌면 그것은 교사로서 갖추어야 할 가장 기본적 소양이며 교사로서의 디딤을 지원해 주는 기반이라고 할 수 있다. 본인이 교사로서 어떠한 신념을 가지고 있는지에 따라 결국 아이들에게 직간접적으로 긍정적 혹은 부정적 영향을 미치기 때문이다. 따라서 교육철학이 뚜렷할 때 부모들이나 주변 사람들로부터 교사로서 인정받고 존중받게 된다.

품격 있는 교사가 되려면 교사로서 자기만의 철학을 정립해야 한다. 즉, 교사로서의 소명의식을 가지고 참된 교사, 교사다운 교사가 되기 위해서는 먼저 인성을 갖추고 교육철학을 정립해야 한다. 그러므로 교사는 도를 닦아야 한다. 매일 자신을 돌아보면서 끊임없이 자신을 성찰해야 한다. 따라서 나는 예비교사뿐 아니라 현장에 근무하고 있는 교사들에게도 '도사'가 되어야 한다고 강조한다. 즉, '교사'가 아니라 '도사'가 되어야 '교사'가 될 수 있다고 주장한다. 도를 닦는 마음으로 모든 면에서 가능하면 완벽해야 한다는 의미이다.

그러기 위해서 필요한 것이 바로 '자아성찰'이다.

　자신을 돌아보는 일은 쉽지 않다. 오랫동안 교사생활을 한 나는 습관처럼 매일 퇴근하는 시간에 하루를 돌아보는 시간을 가졌다. 이 시간으로 인하여 나는 나를 좀 더 돌아보게 되었고 내가 교사로서 잘하고 있는지를 성찰해 보았다.

　이 성찰 중 하나는 '오늘 나는 행복했는가?'이다. 내가 행복해야 나의 행복이 전염되어 나와 함께 한 아이들도 행복할 수 있기 때문이다. 자아성찰과 함께 교사로서의 정체성 확립을 위한 반성적 사고는 교사로서의 성장과 발달을 도와준다.

　두 번째는 '주변 사람들에게 어떻게 대했는가?'이다. 나는 어려서부터 귀가 따갑도록 어머니에게 "남의 눈에 눈물 나게 하면 네 눈에는 피눈물 난다."는 말을 듣고 자랐다. 그래서 아이나 교사 혹은 부모, 내가 만난 사람들 중 누구에겐가 혹시 눈물 나게 하지는 않았는지, 나로 인해 상처받게 하지 않았는지 점검해 본다.

　자신을 돌아본다는 것은 고행이기도 하다. 보고 싶지 않은 모습과 마주할 용기도 가져야 하고 자신을 냉정하게 관찰할 수 있는 객관적인 시선도 가져야 한다. 그리고 바쁘다는 핑계로 자신을 돌아보지 못함을 책망하기도 해야 한다. 그러기 위해선 용기도 필요하다.

교사로서의 자아성찰은 자신을 키우는 밑거름이 되고 교사로서의 기반을 마련해 주는 주춧돌이 되어 주기도 한다. 그러므로 시간이 없다면 퇴근 시간이나 출근 시간을 활용하여 자신을 돌아보는 것을 생활화하자.

교사! 그 아름다운 이름

## 16

# 웃는 교사가 주는
# 선물

우리 기관에 항상 웃는 교사가 있었다. 얼굴 자체가 아예 웃는 얼굴이다. 그래서 부모들도 교사들도 아이들도 다 좋아한다. 나도 가끔씩 기분이 불쾌할 때 선생님 얼굴을 보면 저절로 신기하게 기분이 나아진다. 마치 진통제를 먹은 것처럼.

제자 중 한 명은 맏언니 같은 아이여서 보기만 해도 듬직했다. 학생회 임원도 하면서 자기의 일을 성실하게 척척 잘해 내는 제자였다. 그런데 문제는 항상 무표정한 얼굴이었다. 한동안 지켜보다가 거울을 보고 매일 10번씩만 웃는 연습을 하고 오라고 과제를 주었다. 하지만 별다른 변화가 없었고 마치 포커페이스poker face같았다. 듬직하긴 하지만 무표정한 얼굴을 보고 있으면 무슨 생각을 하고 있는지 가늠이 잘 안되고, 웃고 있는 내가 민망한 기분이 들었다.

이 제자는 2년 동안 자원봉사를 하며 꼭 가고 싶어 하는 어린이집이 있었다. 매주 자원봉사를 하고 실습도 그 어린이집에서 했다. 제자가 너무 가고 싶어 하였기 때문에 나도 다방면으로 도와주었다.

교내 면접 시 가고 싶어 하는 어린이집의 원장님을 면접관으로 초대했다. 면접이 끝난 후 저녁 식사자리에서 원장님은 교사 자리가 난다면 이 제자가 아닌 다른 제자를 자기 기관에 데려가고 싶다고 하셨다. 이유를 물어보자 자기 기관에서 봉사하고 실습한 제자는 맏언니 같아서 믿음직스럽긴 한데 생글생글 웃는 다른 제자가 자기 기관에 잘 맞을 것 같다고 말씀하셨다.

다음 날 난감한 상황이라 말은 못하고 제자를 불러 다시 웃는 연습을 본격적으로 시켰다. 그리고 볼 때마다 나를 보고 좀 웃어 달라고 부탁했다. 졸업 후 결국 이 제자는 원하는 기관에 가지 못했고, 다른 시립어린이집에 추천을 하여 취업을 시켰다. 다음해, 제자를 취업시킨 시립어린이집의 원장님으로부터 전화가 걸려 왔다. 교사 추천을 부탁하시면서 조심스럽게 "교수님, 이번에는 맏언니 같은 학생 말고 막내 같은 학생 좀 보내 주면 안 될까요?"라고 하셨다. 말하지 않아도 그 의미를 알기에 우리 둘은 같이 소리를 내어 한참을 웃었다.

그 해에 원장님의 부탁대로 막내 같은 학생을 추천하여 취업을 시켰다. 이 제자는 휴학을 했었기 때문에 먼저 입사한 제자와는 동기이다. 맏언니 같은 제자는 모든 것을 알아서 스스로 잘한다. 그야말로 '혼자서도 잘해요'이다. 그래서 신경이 쓰이지 않는다. 반면 막내 같은 제자는 좀 서툴다. 이것저것 챙겨야 하고, 일을 맡겨 놓아도 한 번 더 확인해야 마음이 놓인다. 그럼에도 불구하고 다음에 만난 원장님은 유아교육기관에는 좀 서툴러도 막내 같은 교사가 더 적합하단다. 맏언니와 막내의 차이점은 바로 웃는 얼굴에 있었다. 웃는 얼굴을 보면 혼을 내려고 하다가도 강도가 약해진다고 한다. 그리고 자기도 모르게 같이 웃게 된다고 한다. 웃는 교사가 주는 선물이다.

행복 바이러스가 되자!

당신 기분이 좋아지면,

당신 주변에 있는 사람들도 덩달아

기분이 좋아진답니다.

감정은 마치 바이러스처럼 전염되죠.

진짜로 즐거운 기분,

행복감,

열정,

감사하는 마음,

설렘…

그런 감정 말이에요.

당신이 주변 사람들에게 줄 수 있는

가장 값진 보물은

교사! 그 빛나는 이름

이력서에 써 넣을 업무 성과나 커리어,

물질적인 선물 같은 것들이 아니에요.

기분 좋은 모습,

행복한 표정이 바로

진짜 선물이자 값진 보물이죠.


긍정 에너지 전문가 존 고든Jon Gordon의 '에너지 버스' 중에 나오는 글귀이다. 이 글을 보면서 기분 좋은 모습, 행복한 표정이 바이러스처럼 다른 사람들의 기분도 전환시켜 행복하게 만든다는 것을 다시 생각하게 되었다.


많이 웃자. 그래서 내 웃음이 아이들을 행복하게 만들어 주고, 아이들의 웃음이 친구와 선생님을 기분 좋게 만들어 줄 수 있도록. 내 웃음이 선물이 될 수 있도록 날마다 거울을 보며 웃는 연습을 하자. 매일 웃을 수 있도록 마술을 걸자. 그리하여 아이가, 같은 동료교사가, 부모가, 내 주변 사람들이 나만 보면 저절로 웃게 만들자.

## 17

# 발도로프 교육과
# 교사

슈타이너는 대학을 마친 후 뇌수종으로 진단 받은 10살 소년의 가정교사가 되었다. 2년 동안 슈타이너의 지도를 받은 소년은 같은 나이 또래의 아이들과 함께 정상적인 학교에 입학했고, 나중에는 의학박사가 되었다. 슈타이너의 훈련과 가르침에 대한 특별한 방법이 시작된 것이다. 1919년 독일의 슈투트가르트 시市에 설립된 발도로프 학교는 루돌프 슈타이너에 의해 창설되었으며, 교육부문에서 사회정의의 원리를 실현하고자 하였다.

1922년 옥스퍼드대학에서 슈타이너는 세 가지 규칙에 대해 연설했는데, 이는 교사의 자질과 기본적인 태도를 규정하는 연설이었다. 첫 번째는 사회에 감사하는 마음으로 아이들을 받아들이라는 것이었고, 두 번째는 사랑으로서 아이를 교육시키라는 것, 세 번째는 인간이 가지고 있는 진실된 자유를 아이들도 가질 수 있도록 이끌라는 것이었다.

이는 오늘날 우리에게 교사가 가져야 할 자세를 규명해 주고 있다. 아이의 개별적인 특성을 그대로 인정하면서 아이로부터 끊임없는 배움의 자세를 가지라는 것이다. 또한 아이에 대한 수용과 감사의 마음으로 성적에 압박 받지 않는 배움의 기쁨과 약자에 대한 배려 등에 대해 교사의 지속적인 노력을 요구하고 있다. 그리고 교사가 가져야 할 자세 중 하나가 사랑임을 천명하고 있다.

발도로프 교육은 우리에게 교사의 자세를 규명할 뿐만 아니라 교육과정에서 아이들의 자유도 함께 공존해야 함을 일깨워 준다. 이는 자유 속에서 아이들의 창의성이 발현될 수 있기 때문이다. 이를 위하여 발도로프에서는 아이들의 창의성에 주목하고 그림 없는 동화책과 더불어 천, 헝겊을 주로 사용하여 솜을 채우고 표정 등을 단순화한 발도로프 인형 등을 통해 창의적인 인재를 길러 내고 있다. 교사가 배워야 할 부분이다.

# 18

# 레지오 에밀리아 접근법이
# 주는 의미

레지오 에밀리아 접근법Reggio Emilia approach은 1992년 미국의 시사주간지 '뉴스워크'에 의해 '세계에서 가장 훌륭한 10개 교육이론' 중 유아교육 부문 1위로 선정되면서 널리 알려진 교육이다. 로리스 말라구치Loris Malaguzzi에 의해 이탈리아 북부 레지오 로마냐 지역에 위치한 에밀리아 시립 유치원에서 시작된 교육법으로 1990년대부터 국내에 도입되기 시작하였다.

레지오 에밀리아 접근법의 특징은 아동을 스스로 생각할 수 있는 유능한 존재로 인정하기 때문에 아동 중심적이며, 아동들이 자발적으로 학습주제를 선정하고 수업의 주체가 되어 활동하도록 한다. 즉, 프로젝트를 통한 발현적 교육과정을 운영한다. 따라서 교사는 주도적으로 이끄는 것이 아니라 조력자이자 동기 부여자로서의 역할을 하게 된다. 또한 학습 과정에서는 협동 학습으로 사회적 상호작용의 중요성을 일깨워 준다. 그리고 다양한 매체를 통해 표상을 활용하는 다상징적 접근, 기록작업documentation 및 부모와 교사, 지역사회가 유기적으로 협력할 수 있도록 공동체 정신과 다양한 협력체계를 활용한다.

　레지오 에밀리아 접근법이 추구하는 환경은 대표적으로 순환성$_{cir-}$ $_{cularity}$과 투영성$_{projection}$이다. 순환성은 교육 장소의 중앙에 위치한 공용 공간 및 아틀리에를 통해 공간적 연결과 더불어 교사와 아동, 아동과 아동, 아동과 환경 간의 상호작용을 활성화하고 촉진함을 의미한다. 투영성은 유리테이블, 거울, 유리문, 빛 등을 활용한 개방성을 강조한다. 투영성을 통해 외부의 모든 환경을 안으로 끌어들여 자연스럽게 아동들이 환경과도 상호작용할 수 있도록 한다. 투영성을 통해 아이들은 자연을 보고 느낌으로 자연과 함께 할 수 있다.

　레지오 에밀리아 접근법은 모든 교육과정을 통해 자연스럽게 아동의 자율성을 키울 뿐만 아니라 상징적 표상에 의해 창의성을 증진하므로 교육과 탁아를 성공적으로 조화시킨 양질의 종일제 교육 프로그램으로 평가받고 있다. 이와 비교하여 우리의 교육은 어떠한가? 많이 변화하고 있지만 실제로는 무늬만 아이 중심이지 아직도 교사 중심이다. 자율성보다는 타율적으로 아이를 움직이게 하는 요소가 더 많고 다양한 협력체계를 활용하기에도 역부족이다. 자연을 가까이하고 느끼기보다는 콘크리트 벽이 아이들을 가로막는다. 공동체정신을 함양하기보다는 아직도 차이와 차별에 익숙하게 만든다. 그러므로 우리는 레지오 에밀리아 접근법이 주는 깊은 의미를 다시 한번 곰곰이 되새겨 보아야 한다.

교사! 그 아름다운 이름

# 19

# 소통은 아이를
# 춤추게 한다

　이제는 '4차 산업혁명' 시대가 도래하였다고 한다. 정치권에서도 사회에서도 교육현장에서도 4차 산업혁명이라는 단어가 심심찮게 회자된다. 첨단 정보통신기술이 사회 전반에 융합되어 혁신적인 변화가 나타나는 4차 산업혁명은 세상의 모든 것이 인터넷으로 연결되고 인간과 사물의 데이터가 수집 및 축적, 활용되는 융복합 시대를 말한다. 기계가 인간의 지능을 뛰어넘고 모든 것이 연결되는 이러한 시대에는 감성적인 직업이 유리할 것이라고 예견하기도 한다. 왜냐하면 사람을 이해하고 배려할 수 있는 따뜻한 마음으로 공감하는 것이 감성이고 이 감성은 소통의 기반이기 때문이다.

　이러한 시대에 나는 인간관계의 통찰력을 제공해 주는 동양사상의 대가인 '장자'에게서 진정한 소통을 배운다. 그는 자유와 평등, 소통, 자연과의 합일을 중시하였다. 장자는 소통에 대해 차이를 인정하는 것, 즉 상대방과 나는 다른 존재이며, 나와 다르다는 것은 틀린 것이 아니라 다른 것이라는 것을 수용하는 데서 출발한다고 하였다. 그러므로 소통이 이루어지기 위해서는 먼저 다양성에 대한 수용이 이루어져야 한다. 그리고 이를 기반으로 상대방에게 맞는 적절한 소통이 이루어져야 하며, 소통을 통해 자신이 변화되어야 진정한 소통이 이루어진다. 즉, 소통이 되려면 먼저 상대방에 대한 이해와 배려 및 존중이 밑바탕 되어 있어야 한다. 이러한 밑바탕이 없으면 소통은 기교가 된다.

사람들은 흔히 소통이 안 되면 답답하다고 한다. 교통체증이 풀리지 않는 꽉 막힌 도로 같은 느낌을 주어 가슴을 치게 한다. 때로는 벽을 보고 말하는 느낌을 갖게 한다. 이는 소통이 되기 위한 이해와 배려 및 존중이 갖추어져 있지 않기 때문이다. 자기 입장에서 자기만 생각하는 이기심이 자리 잡고 있기 때문이다.

소통은 교사가 갖추어야 할 중요한 기본 요건 중 하나이다. 많은 아이들과 부모 혹은 동료교사들을 만나야 하는 교사는 소통이 잘되어야 한다. 부모와 원장 및 동료교사와 적절한 소통이 이루어져야 하고, 아이들과 적절하게 상호작용할 수 있는 소통능력이 겸비되어 있어야 한다. 그래야 현장이 잘 돌아간다. 그래야 현장이 소화불량에 걸리지 않는다. 소통을 잘하기 위해서는 교사가 품격 있는 언어를 사용할 줄 알아야 한다.

2017년에 이기주 작가의 『말의 품격』이 출판되었다. 책의 내용 중에는 '무심코 던진 한마디에 그 사람의 품격이 드러난다. 아무리 현란한 어휘와 화술로 말의 외피를 둘러 봤자 소용없다. 나만의 체취, 고유한 인향人香'이 내가 구사하는 말에서 뿜어져 나온다'라는 구절이 있다. 이는 내가 하는 말이 곧 내 인격임을, 내 삶임을 말을 통해서 확인할 수 있다는 의미이다. 교사가 어떻게 말을 하는가에 따라 교사의 품격이 올라가기도 하고 떨어지기도 한다. 그러므로 교사는 교사다운 말의 품격을 갖추어야 한다.

21세기는 수평적인 소통의 시대이다. 교사와 부모가, 교사와 교사가, 교사와 아이가 수평적인 관계에서 대화가 이루어져야 소통이 된다. 수시로 자기에게 잘 통通하였냐고 물어보자. 소통이 잘 되면 마음이 날개를 달고 춤을 춘다. 우리는 소통이 잘 되는 사람을 만나면 천군만마를 얻은 것처럼 든든하다. 나를 잘 이해해 주고 나를 인정해 주어 잔잔한 위로를 받는다. 그 힘으로 또 다른 사람들을 내가 위로해 주기도 하고 힘이 되어 주기도 한다. 그래서 힘들면 생각나고 만나고 싶다. 고속도로같이 막힘 없이 아이들과 즐겁게 소통할 수 있는 교사가 되어 아이들을 춤추게 하자.

# 아이들이 싫어하는
# 선생님 유형

　현장에서 보면 아이들만큼이나 교사도 각각의 개성을 가지고 있기 때문에 아이들에게 좋은 교사가 되겠다고 하는 목표는 같지만 그 유형은 다양하다. 대부분의 선생님들은 현장에서 최선을 다하지만, 교사로서의 기본적인 인성이 갖추어져 있지 않은 교사들도 간혹 만난다.

　일반적으로 아이들이 싫어하는 선생님의 유형을 살펴보면 다음과 같다.

　첫째, 협박하는 선생님이다. 이런 선생님 밑에서 자란 아이들은 사람들에게 적개심을 가지게 되며, 자존감이 떨어지고 권위에 대해 저항감을 가진다.

　편식하는 아이에게 "간식 잘 안 먹는 아이는 ○○반에 보낼 거야." "제~발 좀 먹어. 너 그러면 키 안 큰다.", 수업시간이나 활동시간에 떠드는 아이에게 "떠드는 사람은 안 줄 거야." 혹은 "얘들아, 우리 떠드는 친구에게는 주지 말자." "울면 애기 돼요. 울음 뚝 그쳐야지." "손 깨끗이 안 씻으면 더러운 병균이 네 몸에 들어가 병 걸

려. 큰일 나.", 집에서 좋아하는 장난감을 들고 온 아이에게 "다음에
또 가져오면 뺏을 거야." "자꾸 싸우면 동생 반 보낼 거야." "이런 거
못 하면 학교 못 가." 혹은 "이런 거 잘해야 학교 가지." "이거 다 먹
어야지 놀이할 수 있어.", 자유선택시간 등에 누워 있는 아이를 보고
"너 그렇게 누워서만 놀면 돼지 된다." 등.

둘째, 선택을 강요하는 선생님은 자기의 주관이 없는 소침한 아이
와 의지하는 아이로 만든다.

간식 들고 다니는 아이를 보며 "간식 들고 다닐 거야? 안 들고 다
닐 거야?" "선생님이 친구랑 싸우면 안 된다고 몇 번이나 말했어? 안
했어?" "○○가 먼저 말할 거야? □□가 먼저 말할 거야?" 등.

셋째, 재판관 같은 선생님은 아이들을 매사에 위축되게 만들고 자
신감도 상실하게 만든다.

싸우거나 다툰 아이에게 "선생님이 들어 보니 ○○가 잘못했네.
친구에게 그러면 될까? 안될까? □□가 먼저 사과해야겠네." "싸우
면 못난이죠. ○○에게 먼저 '미안해'라고 해야지, 그리고 □□는 '괜
찮아'라고 하고, 서로 안아 주자." 등

넷째, 명령하는 선생님은 아이의 자신감을 상실하게 하고 의타심
을 키우며, 판단능력을 떨어뜨리고 자존감을 결핍시킨다.

"돌아다니면서 먹으면 안 돼." 간식을 먹으려고 하는 아이에게 "먼
저 '잘 먹겠습니다' 하고 먹어.", 이야기 나누기 시간에 아이들이 계
속 질문을 하면 "모두가 합죽이가 됩시다. 합!" "네라고 대답해야지!"
"○○가 놀이하고 있잖아. 방해하지 마!" "블록놀이도 해 봐." "다른

친구 참견하지 말고 네 거나 해." 등.

다섯째, 변명하는 선생님은 자기를 합리화하고 변명에 능숙한 아이로 키운다.

"선생님이 다 너 잘 되라고 한 거야. 선생님이 너 사랑하는 거 알지?" "너만 혼낸 것 아니야. ○○도 혼냈어." "선생님이 너무 바빠서 깜빡했어." 등.

여섯째, 양보를 강요하는 선생님은 소심하고 눈치 보는 아이로 만든다.

"누가 양보해 줄까? 양보하는 친구가 착한 친구야." "○○가 형이니까 양보해." "양보를 잘해야 훌륭한 사람이 되는 거야." 등.

일곱째, 비난<sup>빈정</sup>하는 선생님은 아이에게 마음의 상처를 주고 자기에 대해 비하하거나 조소하게 만들며, 자신감을 상실하게 하여 소심한 아이로 길러 낸다.

"신~났네, 신났어." "그래 먹어라, 먹어." "얘들아, 저렇게 돌아다니면 되니?" "하기 싫으면 거기서 우리 하는 거 구경이나 해~" "다른 친구들은 혼자서도 잘하는데, 넌 이것도 못하니." "난~리 났네, 난~리 났어!" "오늘 이러다가 동화 보겠니?" "필이 꽂혔구나! 꽂혔어." 등.

여덟째, 자기의 생각만 강요하는 선생님은 남을 배려할 줄 모르는 아이로 만든다.

아이가 "선생님 더워요."라고 말하자 "덥긴 뭐가 더워. 더우면 안 덥다고 생각해 봐. 그러면 시원해질 거야!", 간식이 맛없다고 아이가 얘기하면 "이게 얼마나 맛있는데… 다른 아이들은 잘 먹잖아. 몸에 좋은 것이니까 너도 맛있다고 생각하고 먹어 봐." "이건 쉬운 거야. 너도 할 수 있어." 등.

아홉째, 비교하는 선생님은 아이의 열등감과 적개심을 키운다.

"○○는 얌전하게 잘 앉아 있잖아. 너는 왜 그렇게 돌아다니니." "□□는 친구들도 잘 도와주는데 너는 왜 친구 장난감을 빼앗니?" "△△는 말도 잘 듣는데 너는 왜 그렇게 말을 안 듣니?" 등.

열 번째, 실천하지 않는 교사는 말과 행동이 다른 아이를 길러 낸다.

교사가 "손 씻으세요."라고 말해 놓고는 교사가 닦아 주거나 교사는 먹지도 않으면서 시금치를 먹지 않는 아이에게 "시금치는 우리 몸을 튼튼하게 하고 힘을 세게 해 주니까 먹어야 돼.", 아이들에게 "차례대로 줄 서서 기다리는 거야."라고 말하고는 혼자 먼저 손을 씻는 교사, "밥은 천천히 꼭꼭 씹어 먹어야 해요."라고 말해 놓고 급하게 먹는 교사 등.


이런 교사에게 교육을 받은 아이들은 전반적으로 열등감을 가지게 되거나 소심하며 자기의 주관을 적절하게 표현하지 못할 뿐만 아니라 남을 배려할 줄 모르고, 위축되어 자존감이 낮은 부정적인 아이로 성장하게 된다. 이 외에도 현장에서 사용하면 안 되는 부적절한 언어들을 정리해 보면 대표적으로 다음과 같다.

특히 영아반에서 아이 입장에서 생각해 준다고 영아의 발음과 비슷하게 "알아쩌요? 마시쩌요? 쉬 해쩌요?" 등으로 말하는 경우, 아이의 답이 틀렸을 때 "땡. 틀렸습니다당."라고 하거나, "우와! 공주님왕자님처럼 예쁜 옷 입고 왔네!", 아이의 별명을 부르며 " 우와~ 우리 ○○○별명 왔니? 어서 와, ○○○~." "이러면 엄마 힘들지? 착한 친구는 씩씩하게 헤어져야지.", 활동이 많거나 분위기가 어수선할 때 "아이고, 오늘 정신이 하나도 없네.", 도움을 요청하는 아이에게 "형님인데 이젠 혼자 해야지.", 말을 잘 안 듣는 아이에게 "너는 왜 말을 안 듣니." "고자질하면 나쁜 친구야." 등 수많은 사례들이 있다.

그러므로 혹시 내가 무심코 사용하는 언어가 아이에게 부정적인 영향을 미치고 있는 것이 아닌지 수시로 점검해 보아야 할 것이다.

# 현장!
# 열정과 추억의 이름

현장은 교사들에게 시작이고 마지막인 삶의 터전이 되어야 한다. 현장은 아이들에게 꿈을 꾸게 하는 곳이고 창조하는 곳이다. 그래서 현장은 뜨겁고 살아 숨 쉰다. 살아 있으면 생명이 되고, 고여 있으면 생명의 영혼을 죽이는 곳이 된다.

현장은 아이와 교사가 만들어 내는 축제의 장이 되어야 한다. 신명나게 놀고, 함께 어우러짐이 꽃을 피워 열매를 맺게 해야 한다. 그러므로 현장은 열정이 있어야 하고 찜질방처럼 뜨거워야 한다. 훗날 아이들의 기억 속에 다시 한번 보고 싶은 뽀로로 애니메이션처럼 가 보고 싶은 그리운 추억의 장이 되어야 한다.

## 선생님, 나의 선생님!

전금주

사랑하는 선생님!

저를 사랑해 주세요.

(중략)

제게 꿈과 희망을 안겨주세요.
제 마음속 들어와 이해해 주세요.
제 가슴에 격려의 말을 쏟아주세요.
제 자산과 능력을 믿고 소망하세요.
제가 당신을 신뢰하도록 노력하세요.
저에게 겸손과 순종을 가르쳐주세요.
저에게 지식보다는 지혜를 안겨주세요.
저와 동행(同行)하는 마음을 가져주세요.
저에게 사랑과 배려를 생각하게 해주세요.
저에게 부지런한 모습의 모범을 보여주세요.
저에게 자연과 환경을 사랑토록 가르쳐주세요.
저에게 어려운 이웃을 돕는 마음을 키워주세요.
저에게 맘껏 뛰놀 수 있는 시간과 공간을 주세요.
저를 용서와 아량을 베푸는 사람이 되게 해주세요.
저에게 감시할 눈보다, 들어줄 귀를 가까이 대주세요.
저에게 영혼의 의미를 알고 남기며 사는 지혜를 주세요.
선생님, 처음 가졌던 사명감 변치 마시고 오래 간직하세요.

이제 선생님은 제 영원한 우상이며 존경번호 제1번이에요.

아이들에게 어떤 선생님이 최고의 선생님인지 아이들이 원하는 선생님의 모습이 이 시 한 편에 다 담겨 있어요. 아이들이 바라는 선생님의 모습으로 아이들과 함께 동행한다면 훗날 따뜻한 가슴을 가지고 남을 배려하며 나누는 삶을 실천하는 행복한 아이로 성장할 수 있겠죠. 아이들은 선생님을 닮아가는 '따라쟁이'거든요.

아이들에게 선생님은 우산이 되기도 하고, 때로는 뿌리 깊은 나무가 되어 그늘에서 쉴 수 있도록 자리를 내어 주어야 해요. 아이들과 함께 하면서 "선생님은 제 영원한 우상이며, 존경번호 제1번"이라는 말을 들을 수 있다면 우리 생애 최고의 선물이 되겠지요.

# 교사를 닮은
# 아이들

참 신기하다. 유치원이나 어린이집을 방문하여 그 반을 보면 교사의 성향이 드러난다. 질서정연하며 조용한 반과 자유롭고 활동적인 반은 일반적으로 담임선생님의 성향과 꼭 닮아 있다. 그래서 선생님을 만나기도 전에 어느 정도 선생님에 대한 파악이 되고 실제 만나보면 감탄할 정도로 닮아 있다. 이것은 교사의 역할과 책무의 중요성을 그대로 보여 주는 현상이라고 할 수 있다.

교사를 닮아 가는 아이들! 무섭지 않은가? 두렵지 않은가? 나의 태도와 나의 모습을 그대로 거울처럼 투영해 주는 아이들을 보면서 우리는 무엇을 해야 할지, 어떤 모습의 교사로 자리매김을 해야 할지 끊임없이 고민해야 한다.

우리는 자라면서 부모의 모습 중 닮지 않고 싶은 모습이 있었는데 어느 날 돌아보면 똑같은 행동을 하고 있는 자신을 보며 소스라치게 놀라는 경험을 한 번쯤은 가지고 있을 것이다. 그런데 우리 반 아이들이 나와 똑같은 닮은꼴이라면…….

그러므로 아이들이 닮아도 괜찮은 근사한 모습의 교사가 되도록 노력해야 하는 것이다. 아이들을 들여다보면서 나를 닮아감이 기쁨이 되고, 환희가 되고, 행복이 되어야 한다. 그러기 위해서 우리는 준비된 모습으로 내가 할 수 있는 가장 완벽한 모습으로 아이들 앞에 설 수 있어야 한다. 나를 닮은 아이들이 부끄럽지 않도록…….

현장! 열정과 추억의 이름

## 22

# 새내기 교사의
# 눈물을 닦아 준 아이

새내기 교사 시절은 지금 생각해 보면 참 미숙했다. 나름대로 전쟁터에 나가는 것처럼 철두철미하게 준비를 했다고 생각했지만, 생각보다 현장은 만만치 않았다.

첫 출근하던 날, 기대와 부푼 꿈을 안고 조금은 불안하지만 설레는 마음으로 심호흡을 한 번 하고 교실로 들어섰다. 실습상황과 달리 오전을 어떻게 보냈는지 모르게 시간이 흘러 낮잠시간이 다가왔다. 음악을 무지 싫어했지만 아이들을 위해 출근하기 전 날 밤 미리 수십 곡을 들은 후 낮잠 시간에 들려 줄 잔잔한 명곡을 준비해 갔기 때문에 아이들을 눕혀 놓고 음악을 틀었다. 순간 한 아이가 "선생님 시끄러워요. 꺼요."라고 했다. 난 순간 당황하여 어쩔 줄 몰라하며 음악을 껐다. 비록 어린아이들이지만 섭섭한 마음에 눈물이 핑 돌았다.

그리고 얼마 후 이야기 나누기 시간에 동화책을 가지고 이야기를 들려주는 것이 성에 차지 않아 아이들이 잘 볼 수 있도록 도화지에 동화 내용의 그림을 직접 그리기로 했다. 그래서 주말을 이용하여 이틀 밤을 거의 지새우다시피 하며 그림을 그렸다. 그리기 어려운 부분은 습자지를 이용하여 베껴 그린 후 동화의 장면 장면을 파스텔 톤으로 예쁘게 색칠하였다. 뿌듯한 마음으로 내일 출근이 기다려졌고 아이들이 좋아할 생각에 미소가 저절로 떠올랐다.

출근 후 마음속으로 이야기 나누기 시간을 기다렸다. 설레는 마음으로 개봉박두! 그런데 이야기를 시작한 지 5분도 채 지나지 않아 한 아이가 "선생님 재미없어요."라고 했다. 갑자기 고생한 주말이 떠올라 설움에 눈물이 쏟아졌다. 이야기를 중단한 채 아이들에게 잠깐 자유선택놀이를 하라고 한 후 눈물을 보이고 싶지 않아 화장실로 달려가 잠시 펑펑 울고 들어왔다.

눈물 자국이 있었나 보다. 한 아이가 나를 쳐다보더니 "선생님 울었어요. 눈이 빨개요."라고 하면서 휴지를 가져와서 눈물을 닦아 주며 고사리 같은 손으로 나의 등을 토닥토닥거려 주었다. 그 바람에 한 번 더 눈물이 쏟아졌다. 눈물을 훔친 후 "선생님 괜찮아. 이렇게 웃고 있잖아. 정말 고마워." 라고 말했지만 아이는 걱정이 되는지 안쓰러운 눈빛을 보내며 말없이 자꾸만 내 곁에 맴돌았다. 아이의 따뜻한 마음이 커다란 위안이 되어 가벼운 마음으로 퇴근을 하면서 자꾸만 웃음이 나왔다. 생각해 보면 교사의 초년시절은 오히려 아이들에게 위로를 받으며 아이들과 함께 교사로서 성장한 시기였다.

# 아이가 선물해 준
# 가을

현진이<sub>가명</sub>는 아주 평범한 아이였다. 조용하면서도 선생님의 지시를 잘 따르고 또래들과 함께 잘 어울렸으며 말썽을 피우는 일이 없었다. 가끔씩 "선생님 맛있어요. 먹어요."라고 하며 자기가 좋아하는 사탕 한 개나 초콜릿 한 조각을 내밀기도 했다. 사탕을 먹으면서 초콜릿을 먹으면서 나를 생각해 준 아이 마음이 기특하다. 나는 사실 사탕과 초콜릿을 잘 먹지 않으면서도 아이가 보는 앞에서 사탕을 입에 넣고, 세상에서 가장 맛있는 음식처럼 초콜릿을 먹으면서 현진이에게 뽀뽀를 난사했다. 그래서 현진이는 내가 사탕과 초콜릿을 좋아하지 않는다는 사실을 지금도 모른다.

어느 날 현진이는 수줍게 웃으면서 은행잎 하나와 단풍잎 하나를 내밀었다. "선생님 선물이에요."라고 말하고는 내가 무슨 말을 하기도 전에 달아나 버린다. 가을이 깊어가고 있는 줄도 몰랐는데 현진이를 통해서 뜻밖의 가을을 선물 받고 가슴이 뭉클해졌다. 고사리 손으로 정성껏 가을을 가져온 것이다. 현장에서는 이렇게 아이들을 통해서 감동을 받고 남을 배려하는 것을 배우기도 한다. 아이가 스승인 것이다.

　나도 현진이처럼 은행나무 밑에서 고운 은행잎을 골라 와서 선생님과 아이들에게 가을을 선물했다. 뜻밖의 은행잎을 받은 아이들은 "집에 가서 엄마에게 자랑해야지."부터 아빠에게 주겠다고 하는 아이, 가방에 잘 넣고 다니겠다고 하는 아이, 은행잎을 견주어 보며 자기 것이 더 예쁘다고 자랑하는 아이들로 잠시 소란스러웠지만 다들 즐거워했다. 그리고 나는 현진이에게 선물 받은 은행잎과 단풍잎을 곱게 펴서 훗날 가끔씩 꺼내 보리라 생각하며 현진이의 마음과 함께 책갈피에 넣어 두었다. 지금도 나는 현장이 그리울 때면 가끔 책갈피를 펼쳐 현진이가 수줍게 전해 준 가을을 추억하며 행복해한다.

# 진주목걸이
# 에피소드

어린이집에서 웃지 못할 일이 발생했다. 내가 네 살짜리 여자아이에게 보기 좋게 K.O 당한 것이다. 나는 제자들에게 어느 기관을 가던 반을 맡으면 말 잘하는 아이를 먼저 파악하고 그 엄마를 조심하라고 한다. 좋은 말이든 나쁜 말이든 모든 소문은 그 엄마를 통해서 확장될 가능성이 많기 때문이다. 그래서 그런 엄마만 조심하면 소문에 휩싸이지 않고 어린이집에서 무탈하게 지낼 수 있다고 말한다.

내가 맡았던 반에 백설공주처럼 하얀 피부에 눈망울이 사슴을 닮은 인형처럼 너무 예쁘고 보호본능을 일으킬 만큼 가녀린 4세 여자 아이가 있었다. 유독 눈길을 끄는 아이였다. 그런데 얼마나 말을 잘하던지 5세 여자 아이들도 이 아이와 말싸움을 하면 지게 마련이었다.

너무 예뻐서 우리 집에 가서 하루만 자자고 얘기하면 이 아이는 자기 집에 와서 자면 자기가 엄마가 바르는 미니큐<sup>메니큐어</sup>도 반딱<sup>반짝</sup>이는 것이 있다고 발라 주고 맛있는 것도 준다고 나보고 오라고 꼬드기는(?) 아이였다. 하루에도 뽀뽀를 수십 번씩 해 주고 그 보답으로 뽀뽀를 받기도 했다.

어느 날 아이가 예쁜 진주목걸이를 하고 왔다. 그래서 무심코 진주목걸이가 너무 예쁘다고 했더니 나보고 갖고 싶으냐고 물어 보았다. 그렇다고 했더니 한참을 망설이던 아이가 엄마가 준 것이라 엄마에게 물어보고 내일 주겠다고 하였다. 그리고 다음 날 오더니 엄마가 주면 안 된다고 해서 못 준다고 했다. 나는 '그런가 보다' 생각하고 대수롭지 않게 넘겼다.

하원 때 엄마가 오셔서 내가 웃으면서 "아휴, 어머님이 목걸이 주면 안 된다고 하셨다면서요. 제가 그냥 목걸이 예쁘다고 하니까 ○○가 엄마에게 물어보고 주겠다고 했는데 진짜 받을 생각은 아니었어요."라고 말했더니 엄마가 무슨 말을 하느냐는 표정이었다. 자기는 목걸이에 대해 들어 본 적도 없단다. '아뿔싸!' 그때야 상황 파악이 되었다. 나에게 주겠다고 말은 했지만 주고 싶지는 않고, 그래서 혼자서 꾀를 낸 것이었다. 영악하다고 해야 할지……. 순간 엄마와 나는 마주보고 박장대소를 터트렸다. 둘 다 4살짜리 아이에게 보기 좋게 한 방 먹은 것이었다.

## 25

# 작은
# 꼬마 선생님

우리나라 나이로 세 살인 이 아이는 별명이 '꼬마 선생님'이다. 이 아이는 반에서 보조교사의 역할을 톡톡히 해낸다. 같은 또래가 침을 흘리고 있으면 닦아 주기도 하고, 간식을 먹을 때는 옆 친구에게 포크를 쥐어 주기도 하며 심지어 먹여 주기도 한다. 야외 수업을 나가면 이 아이가 한 아이 손을 꼭 잡고 따라다니면서 챙긴다. 오죽하면 담임선생님이 "우리 반이 좀 유별나잖아요. 내가 쟤 없었으면 어쩔 뻔했는지 모르겠어요. 우리 반 보조교사예요."라고 말할 정도다. 그래서 교사들 사이에 통용되는 별명이 '작은 꼬마 선생님'이다.

아이는 가끔씩 나에게 자기가 아끼는 스떠꺼스티커라고 하면서 내 손에 붙여 주고 가면서 씩 웃기도 한다. 이 아이의 행동이 모든 선생님의 사랑을 받게끔 한다. 때로는 열려 있는 원장실 문을 기웃거리며 눈치를 보다가 들어와서는 상담 탁자에 앉아 있는 나를 보고 원장실의 빈 의자를 가리키며 "원당 떤땡님 어디 갔더요. 왜 의자에 안 앉다요."라고 발음도 잘 안 되는 소리로 종알종알 이것저것 물어보곤 했다. 어찌나 말을 잘 하는지 담임선생님조차 부담스럽다고 할 정도였다. 자기 반에서 일어나는 모든 일을 엄마에게 미주알고주알 다 얘기할 것 같다고.

당시 원에서는 엄마들 사이에서 교사가 아이들을 케어하기 힘들 때마다 젤리를 너무 많이 준다는 소문이 돌아 모두 조심하던 상황이었다. 모든 선생님이 그러는 것도 아니고 어쩌다 한 번씩 주는 것인데 상황은 이상한 방향으로 흘러갔다. 결국 소문의 중심에 있던 교사는 여러 가지 문제로 퇴사를 하였지만 모두 젤리에 대해 민감해져 있었다.

'작은 꼬마 선생님'이 있는 반의 선생님은 어느 날 아이들이 계속 젤리를 요구하자 조심스럽게 '작은 꼬마 선생님'의 눈치를 보며 "젤리를 하나만 주는 거예요. 꼭 하나씩만 먹어야 하는 거예요."라고 말하면서 '작은 꼬마 선생님' 몰래 다른 아이들에게는 두 개씩을 주고 '작은 꼬마 선생님'에게는 하나만 주었단다. 아니나 다를까 엄마가 아이를 데리러 오자 아이가 엄마를 보면서 "오늘 던땡님이 델리 하나만 줬어요. 하나만 먹어야 한다고 맛있어더요."라고 말하더란다. 선생님은 괜히 가슴을 쓸어내렸다고 한다. 아이가 어쩜 이렇게 말을 잘하느냐고 무슨 비결이 있냐고 물어보았더니 엄마 대답이 태어나서부터 하루에 동화를 하나씩 들려주었는데 그것 때문인지는 정확하게 모르겠으나 유독 말이 빠르더라고 하셨단다.

'작은 꼬마 선생님'의 엄마는 우리 원에서 선생님들이 손꼽는 최고의 엄마 1호이다. 엄마도 출근 준비로 바쁘실 터인데도 불구하고 더운 여름날이면 시원한 냉커피를 직접 만들어 쪽지 편지와 함께 아침에 말없이 놓고 가신다. 항상 모든 교사들에게 "애들 보느라 힘드시죠. 집에서 한 아이 보는 것도 힘든데 얼마나 힘드신지 알아요. 감사해요, 고마워요."라는 말을 잊지 않으신다. 행동으로, 말로 교사들이 감동할 수밖에 없는 작은 배려를 지속적으로 해 주신다. '작은 꼬마 선생님'은 엄마와 붕어빵처럼 닮은꼴이다. 엄마의 자극과 배려가 아이에게 미치는 영향을 또 한 번 느끼게 해 주는 경험이었다.

## 26

# 눈 흘기는
# 아이

　점심식사 시간에 어린이집 원장 경력을 가진 마음이 어린아이 같은 친구를 만났다가 우연히 이야기를 듣게 되었다. 거짓말을 하면 코가 길어진다는 동화가 거짓말이라는 것을 알고 있는 나이의 진영<sup>가명</sup>이는 눈 흘기기 선수란다. 엄마든 친구든 조금 마음에 안 들면 눈에 힘을 주고 검은 눈동자가 보이지 않을 정도로 아무에게나 눈을 흘긴단다. 선생님도 예외가 아니었고 아무리 훈육을 해도 소용이 없더란다. "선생님은 진영이가 예쁜 눈을 하고 있으면 너무 기분이 좋아."라고 하는 말쯤은 쉽게 무시당했단다.

　며칠을 고민하다가 퇴근하고 와서 네 개의 눈을 그렸단다. 두 개의 눈은 웃는 눈으로 속눈썹까지 정성들여 예쁘게 그리고 두 개의 눈은 눈동자에 빨간 색을 그린 후 의도적으로 속눈썹도 그리지 않았단다. 다음날 진영이를 조용히 불러 그림을 보여 주면서 어떤 눈이 예쁜지를, 어떤 눈이 갖고 싶은지를 물어보았단다. 진영이는 예쁜 눈을 가리킨 후 다른 눈을 가리키며 "도깨비 눈 같아요. 무서워요. 싫어요."라고 하더란다. 그 이후로 친구는 진영이가 눈을 흘기면 "진영아, 도깨비 눈."이라고 하면 진영이가 배시시 웃으면서 예쁜 눈을 하더란다.

친구는 아이에게 직접적으로 "진영이가 눈을 흘기면 도깨비 눈 같아."라고 말하지 않은 것이 더 효과적이었던 것 같다고 했다. 나도 그 말에 동감을 했다. 우리는 아이의 태도나 문제행동을 지도할 때 직접적인 화법을 사용할 때가 많다. 그런데 직접적인 화법은 경우에 따라 아이에게 상처를 남길 수 있다. 그러므로 상황에 따라 간접적으로 접근하여 아이가 스스로 느낄 수 있도록 지도하는 것이 더 효과적일 수도 있다.

교사! 그 아름다운 이름

## 27

# 조각같이
# 잘생긴 소년

무표정한 얼굴이었지만 로댕의 조각처럼 흠잡을 곳 없이 잘 생긴 아이가 엄마의 손을 잡고 들어왔다. 보기만 해도 어쩌면 저렇게 잘생겼을까 하는 생각이 저절로 들었고, 교사들이 태교할 때 이 아이 사진을 걸어 놓고 해야겠다고 할 정도로 잘생긴 아이였다. 아이에게서 빛나는 아우라는 눈이 부실 지경이었다. 수업을 하면서도 나는 이 아이의 잘생김에 가끔씩 넋을 놓고 바라보곤 했다. 특수교사가 되길 정말 잘했다는 생각을 하면서.

아이의 엄마는 우리나라에서 널리 알려진 대학의 음대 교수였고, 아버지도 유명한 모 의대의 교수이자 의사였다. 늦은 나이에 낳은 둘째 아들이란다. 첫째와 둘째를 낳기만 했지 양육은 할머니가 다 해 주셨다고 한다. 그런데 둘째는 첫째와 달라도 너무 달라 병원에 가서 진단을 받았더니 자폐라고 했단다. 아이 때문에 어쩔 수 없이 엄마는 학교를 퇴직하고 뒤늦게 아이를 양육하고 있지만 장애가 없는 아이도 양육한 경험이 없어 스트레스가 이만저만이 아니라고 하셨다.

양쪽 집안에 아무도 장애가 없고, 한국 최고의 대학을 졸업하신 아버지는 집안에서는 끼지도 못할 정도로 아버지 형제들은 모두 하버드대학교 출신이고, 엄마 집안도 모두 명문대 출신이란다. 그래서 더욱 이해가 안 되고 이런 현실이 아직도 꿈만 같아 믿어지지 않는다면서, 어디서부터 무엇을 해야 할지 모르겠다고 이제는 눈물도 말라 버렸다고 한숨만 쉬셨다.

병원에서의 영역별 검사를 다시 한번 확인한 후 하나씩 차근차근 교육을 시작하였다. 의외로 인지적인 부분은 상당히 빠르게 습득하였고, 전반적으로 호전을 보이기 시작했다. 발화도 진전되어 순간순간 우리에게 기쁨과 희망을 선물했다. 아이가 호전됨에 따라 엄마의 표정도 한결 밝아지고 있었다. 때로는 아이의 행동에 절망하고, 때로는 아이의 행동 때문에 울고 웃는 하루하루가 지나가고 있었다.

어느 날 유심히 보니 이 아이가 한 달에 한 번 정도는 계단을 내려갔다가 꼭 다시 쏜살같이 올라와서는 다시 내려가곤 했다. 이를 이상하게 여긴 우리는 교사회의를 통해 그 원인을 찾아보려고 했지만 도통 감을 잡을 수가 없어 좀 더 자세히 아이를 관찰해 보기로 했다.

우리를 고민에 빠뜨린 아이의 행동은 원인을 찾기가 쉽지 않았다. 그러던 어느 날 단서가 잡혔다. 알고 보니 이 아이는 계단을 내려갔을 때 오른쪽 발이 땅에 먼저 닿아야 하는데 어쩌다 왼발이 먼저 닿

교사! 그 아름다운 이름

으면 다시 올라와서 오른쪽 발이 땅에 먼저 닿게 내려갔던 것이었다. 자기가 정해 놓은 어떤 틀이 있으면 거기서 벗어나는 것을 못 견디는 자폐 아이의 특성을 적나라하게 보여 주는 사례였다.

# 아빠의 맥주가
# 가르쳐 준 '캬'

이름만 떠올리면 저절로 나를 웃게 만드는 귀여운 한 아이. 이 아이가 보고 싶어 나는 가슴 두근거리며, 교사가 된 것을 행복해 하며 아침 일찍 출근을 한다. 왜냐하면 집이 가까운 이 아이는 다른 아이들보다 항상 일찍 등원을 해서 내가 일찍 출근하면 이 아이와 놀 수 있는 시간을 따로 확보할 수 있기 때문이다. 이 아이 덕분에 나는 지각을 한 적이 없다.

흔히 교사는 편견을 가지면 안 된다고 하지만 사람의 마음이 이론처럼 그렇게 마음대로 되는 것은 아니다. 그래서 나는 예비교사인 제자들에게 솔직하게 말한다. 현장에 나가면 주는 것 없이 예쁜 아이와 줘도 미운 아이가 있다고. 다만 그것을 표내지 않는 것이 교사라고.

그래서 나도 내 마음을 드러내지 않으려고 무진장 노력을 했다. 그런데 아이들은 장애를 가졌어도 귀신같이 마음을 느끼고 안다. 그래서인지 이 아이도 나를 무척 따랐다. 그러다 보니 더 정이 갔다.

교사! 그 아름다운 이름

어느 날 발화에 가속도가 어느 정도 붙은 아이를 붙잡고 물을 마시면서 '마셔요.'라는 단어를 지도할 때였다. 아이가 물을 마신 후 갑자기 "캬." 소리를 발화하여 나를 빵 터지게 하였다. 현장을 떠난 지 오랜 시간이 지났지만 지금도 그 순간만 생각하면 웃음이 나온다.

쉽지도 않은 "캬." 소리를 저절로 발화하여 수업이 끝난 후 어머니에게 상황을 말씀드렸다. "캬." 소리를 냈다는 내 말에 어머니도 박장대소를 하셨다. 사연인즉, 엄마랑 아빠가 아파트 근처 가게에서 가끔 맥주를 마시는데 하나뿐인 아이라 항상 데리고 다녔다고 하셨다. 그런데 아빠가 맥주를 마실 때마다 "캬." 하고 소리를 내신단다. 어머니는 아이가 무의식 중에 습득했나 보다고 하셨다. 놀라운 일이다.

느린 아이에게는 쉬운 단어를 의도적으로 반복 지도해도 발화가 쉽지 않은데 자연스러운 환경에서 아이는 어려운 단어를 어느새 습득한 것이었다. 그러므로 장애가 있든 없든 아이들에게 언어를 지도할 때는 의도적으로 지도하기보다는 자연스러운 환경에서 지도하는 것이 가장 효과적이며 바람직하다.

## 만능소녀

현장에 있다 보면 특별하게 기억이 남는 아이가 있다. 자폐 아이는 이상하게 여자아이가 많지 않은데, 이 아이는 고기능 자폐로 판정을 받은 여자아이였다. 다른 자폐 아이와 마찬가지로 이 아이도 자기가 가진 틀 안을 절대적으로 벗어나지 못하고 고수했다.

하루는 아버지가 다음날이 창립기념일이라 회사를 쉬어도 되기 때문에 늦잠을 자도 된다는 생각에 안심하고 전날 저녁 회사 직원들이랑 회식을 하면서 술을 많이 마시고 저녁 늦게 들어오셨단다. 그런데 문제는 아침에 생겼다. 아이가 이 집에 자연스럽게 정해 놓은 규칙은 아버지가 제일 먼저 세수를 하고 그 다음 자기가 하고 그 다음 동생이 한 후 아버지는 회사에 출근하는 것이었다. 아버지는 서울까지 가야 하기 때문에 일찍 집을 나서야 한다. 이 규칙은 깨뜨릴 수 없는 이 집의 불문율이었다. 결국 아버지는 아이의 성화에 못 이겨 세수를 하고 양복을 입고 쫓겨(?)났다. 어쩔 수 없이 아버지는 아파트 뒤에 숨어서 아이가 학교에 가는 것을 보고 집으로 들어갔단다.

어머니는 참 활달하고 긍정적이시다. "원장님 내가 아이를 키워 보니까 무조건 힘들고 나쁜 것만 있는 게 아니더라구요. 이 아이 때문에 우리 집은 365일 한 번도 나태하지 않고 규칙적으로 생활하고 있어요. 그래서 시간을 낭비하는 일이 없으니 오히려 어떤 면에서는 좋은 것 같아요."라고 하셨다. 엄마의 이러한 무한 긍정은 아이에게도 긍정적인 영향을 미쳤다. 자폐 아이들은 일반적으로 무표정한 얼굴이 많은데 이 아이는 유독 명랑하고 밝았으며 항상 웃는 얼굴이었다.

아이는 받아쓰기가 항상 백 점이었다. 사진을 찍어 놓은 것처럼 글자를 그대로 입력하기 때문이다. 그런데 정말 어쩌다 하나씩 틀리게 되면 백점을 해 달라고 틀린 것을 가지고 따라 다닌다. 심한 경우에는 화장실까지 따라와서 화장실 문 앞에서 "백 점 해 주세요."라고 계속 조른다. 학교에서도 교무실까지 선생님을 따라 다니면서 백 점을 해 달라고 해서 선생님이 어쩔 수 없이 백 점을 해 준 경우도 있다.

그리고 이 아이는 시계를 볼 줄 모르는 데도 나랑 수업을 하면서 신기하게도 수업이 끝날 시간이면 혼자서 가방을 정리하였다. 이 아이가 가방을 정리하는 순간 시계를 보면 정확하게 수업이 끝나는 시간이다. 이 아이 덕분에 난 고맙게도 수업이 끝나는 시간을 단 한 번도 놓쳐 본 적이 없었고, 시계를 볼 필요도 없었다.

현장! 열정과 추억의 이름

## 교사의 마음을
## 쥐었다 놓았다 하는 아이

하루에도 몇 번씩 교사의 마음을 쥐었다 놓았다 하는 ○○는 ADHD 장애와 적대적 반항장애를 같이 가지고 있다. 적대적 반항장애는 쉽게 설명하면 청개구리처럼 정말 말을 듣지 않는 장애이다. 고의로 다른 사람으로 하여금 화를 내게 만든다. 교사들도 ○○ 때문에 하루에도 몇 번씩 천국과 지옥을 오간다. 천사 같은 아이였다가도 금방 교사들의 가슴을 치게 하는 말썽꾸러기로 돌변하기 때문이다.

같은 지구의 아파트에서 살 때 ○○는 우리 아파트 지구의 유명인사였다. 그래서 근처 아파트 주민이 엄마는 몰라도 ○○는 거의 다 알고 있었다. ○○는 궁금한 것을 절대 못 참는다. 누군가 주변에서 검은 비닐 봉투를 들고 가면 따라가며 무엇이 들었는지를 반드시 확인해야 직성이 풀린다.

그리고 종일 떠든다. 우리 기관에서도 ○○가 ADHD 약을 복용하고 왔는지, 엄마가 빠뜨리고 안 먹였는지를 이 아이를 며칠 겪어 본 부모들은 정확하게 구분해 낸다. ○○가 부모대기실을 그냥 지나치는 날은 약을 복용하고 온 날이다. 그러나 그냥 온 날은 부모대기실로 들어와서 능청스레 앉아 엄마들과 함께 수다를 떠느라 수업시간이 지나도 들어오지 않아 교사가 모시러(?) 가야 한다.

하루는 ○○가 헐레벌떡 들어오더니 자기 아버지가 차 사고가 나서 피 흘려서 병원을 갔다고 했다. 놀라서 집에 전화를 걸었더니 어머니가 어이없어 하시면서 벌써 3년 전 일이란다. ○○는 현재와 과거를 정확하게 구분해서 얘기하지 못했다.

한번은 내가 좀처럼 아이에게 매를 들지 않는데 시간이 흘러 상황은 잘 기억나지 않지만 ○○의 손바닥을 두 대 때리게 되었다. 그러고 난 후 어머니에게 전화를 걸어 상황 설명을 드렸고 어머니께선 알았다고 하셨다.

그 후 또 같은 상황이 발생했는데 지금 생각하면 너무 죄송하지만 전화를 하지 않았다. 하원 후 어머니의 전화가 걸려 와서 오늘 ○○가 맞았다고 하는데 어떻게 된 상황이냐고 물어보셨다. 난 순간 죄스러운 마음에 거짓말을 하고 말았다. "어머니, 제가 저번에 말씀 드렸잖아요."라고 했더니 어머니는 "아! 그랬구나. 글쎄 우리 애가 그렇다니까요."라고 말씀하신 후 그냥 그런가 보다 하고 넘어가셨다. 현재와 과거를 잘 구분하지 않고 오락가락 얘기하는 것을 내가 이용한 것이다. 지금도 ○○ 어머니와 통화도 하고 가끔 만난다. 그렇지만 언젠가 말을 해야 할 텐데 라고 생각하면서 나는 오늘도 그 사실만큼은 굳게 침묵하고 있다.

## 31

# 교통사고와
# 아이

　　우리 기관 기사 아저씨아저씨라고 부르기에는 너무 젊은 30대 초반로부터 몇 통
의 전화가 걸려 왔지만 야간 수업 중이라 전화를 받을 수가 없었다.
나쁜 예감이 들었다. 아니나 다를까 교통사고였다. 아저씨가 하원
길에 우리 기관 아이를 내려 준 후 이 아이를 치었는데 상태를 아직
잘 모르겠다고 하셨다. 후들거리는 다리를 이끌고 병원으로 갔다.
병원에서도 조금 기다려 보라고, 아직은 아이의 상태를 정확하게 말
해 줄 수 없다고 했다.

　　사고의 경위를 물어보니 아저씨는 항상 아이가 내리면 백미러back
mirror로 아이를 관찰한 후 출발하는데 아이가 평소에 시장을 들러서
집으로 가는 경우가 많다고 한다. 집에 바로 가는 경우는 백미러로
보이고 시장에 가는 경우에는 보이지 않아서 그날도 그냥 시장에 들
렀다 가나 보다 하고 출발을 했는데 뭔가 바퀴 느낌이 이상하더란
다. 얼른 내려서 보니 아이가 바퀴에 치인 것이었다. 바퀴 아래에는
아이가 차에서 자랑했던 선글라스가 있었고. 불행 중 다행으로 아이
머리에 가방이 올려져 있어 그 위를 바퀴가 살짝 스친 것 같다고 하

셨다. 후에 안 사실은 아이가 차에서 엄마의 속옷과 선글라스를 자랑하고는 지퍼가 없는 피아노 가방처럼 생긴 가방에 선글라스를 넣고 차에서 내리다 차 바퀴 앞에 선글라스가 떨어졌고, 아이가 선글라스를 주우려고 엎드린 상태라 백미러로 아이가 안보인 것이었다.

그러고 보니 오전에 아이가 바닷가에 놀러 가려고 어제 엄마가 사 준 것이라며 선글라스를 나보고 써 보라고 해서 나에겐 작아서 못 쓴다고 말했는데도 억지로 씌어 주던 것이 생각났다. 그리고 엄마 몰래 가져온 엄마의 위, 아래 속옷도 어제 샀다고 내 눈 앞에 엄마의 속옷을 들이대고, 교실 곳곳을 다니면서 자랑을 했다. 그런 후 넓은 공간에 나가서 브래지어 끈의 끝을 잡고 돌리다가 일부러 놓아 멀리 날아가게 하는 장난을 계속 하기도 하였다. 그 광경까지 보고 나는 대학에 야간 강의가 있어 기관을 나온 상황이었다.

아이는 두 달 동안 입원했고, 다행히 큰 문제는 없었다. 아이 아빠를 만나서 알게 된 사실이지만 교통사고를 당한 아이의 아버지와 기사 아저씨가 같은 고향에 같은 고등학교 선후배여서 여러 가지 문제도 원만하게 해결되었다.

이 아이가 우리 기관에 처음 상담을 왔을 때 어머니가 내가 보는 앞에서 아이의 뺨을 손바닥 자국이 날 정도로 심하게 세 대를 때리셔서 충격을 받았었다. 상담 진행이 안 될 정도로 아이가 방해를 하긴 했지만 속으로 상담 온 첫 날 엄마가 어떻게 아이 뺨을 그렇게 때릴 수 있는지 도저히 이해가 안 되었다.

그런데 며칠 지나지 않아 모든 교사가 엄마를 이해할 정도로 이 아이는 천방지축이었다. 마치 고삐 풀린 말 같았다. 의도적으로 상대를 약 올리는 것은 표현할 수 없을 정도였고 취미였다. 특히 새내기 교사나 실습생은 이 아이의 표적이 되었다. 교사들을 살살 약올려 결국 벌을 서게 하거나, 혼을 내게 만든 후 본인은 만족한 듯 웃으면서 벌을 선다. 어찌 보면 교사들이 자기에게 벌을 서게 만드는 것이 목적인 것처럼 행동한다. 교사들이 이 아이와 일주일만 같이 있으면 성격이 변하겠다고 말할 정도였으니 오죽했겠는가?

기사 아저씨는 우리 기관에서 8년 동안 운전을 하시면서 너무나 성실하였고, 웬만한 특수교사보다 아이들을 적절하게 잘 케어하셨다. "어쩜 아이들에게 그렇게 잘 하세요."라고 하면 아저씨는 씩 웃으면서 "서당 개도 3년이면 풍월을 읊는다고 하잖아요."라고 말하면서 아이들에게 짜증 한 번 내지 않고 항상 웃으면서 대하였다. 아저씨는 이 사고를 계기로 유아교육기관에서는 두려워서 더 이상 운전을 못하시겠다고 그만두시고 여행사 쪽으로 자리를 옮기셨다.

## 32

# 가슴을 설레게 하는
# 자폐 아이들

　일반적으로 특수교사들은 자폐 아이들이 가장 힘들다고 말하지만
나는 장애아이들 중에 유독 자폐 아이들을 좋아한다. 자폐 아이들은
나에게 매력적인, 너무나 매력적인 아이들이다. 이 아이들을 좋아
하는 이유 중 하나는 잘생겼다는 것이다. 그리고 가장 큰 이유는 좀
처럼 마음을 열지 않다가도 어느 순간 조금씩 조금씩 자신의 속살을
보여 주면서 달팽이처럼 느리게 다가오기도 하고 변화무쌍하기 때
문이다.

　우리 기관은 한 달에 한 번 백화점으로 견학을 간다. 백화점에는
모든 것이 갖추어져 있어 아이들을 데리고 현장견학을 하기에 안성
맞춤이다. 식품관을 들려 각종 과일과 채소도 보여 주고 만져 보게
하며 이름도 알려 준다. 도서 코너에 들러 책도 보여 주고, 가구 코
너에 들러 각종 가구를 만져 보며 이름을 가르쳐 주기도 한다. 엘리
베이터 버튼을 누르는 방법과 에스컬레이터를 탈 때의 주의 사항도
직접 보여 주면서 지도하기도 한다. 우리 아이들에게는 산 교육장
이다.

그런데 백화점에 도착하는 순간부터 문제가 발생한다. 백화점 자동문이 열리면 자연스럽게 신발을 벗는 아이와 더불어 양말까지 벗는 아이가 있다. 교사들은 아이들의 시녀가 되어 신발과 양말을 곱게 모셔 품에 안고 가야 한다. 모든 아이들이 움직여야 하기 때문에 아이에게 신발이나 양말을 신도록 끝까지 실랑이를 하기에는 곤란한 상황이라 어쩔 수 없다.

백화점에 들어가면 검은 구두가 아이들을 유혹한다. 검은 구두만 보이면 달려가 구두를 만진다. 검은 구두에 집착하는 아이들은 순간 구두닦이로 변신한다. 스타킹에 집착하는 아이들은 스타킹 신은 다리를 발목에서 허벅지까지 훑어 특히 젊은 아가씨들을 혼비백산하게 만든다. 열린 꼴을 못 보는 아이는 아무나에게 달려가 열린 지퍼나 단추를 잠가 준다.

이쯤 되면 여기저기서 비명소리가 들려오기 시작한다. 교사들은 이미 경험자라 사과할 자세를 필수불가결로 갖추고 있다. 정중하게 사과를 하면 어떤 사람은 이해하는 표정으로, 어떤 사람은 불쾌한 표정으로 받아들인다.


자폐 아이를 키우는 어머니들은 고민이 많다. 아이가 돌아가는 물건에 집착해서 식당에서 선풍기가 보이면 선풍기를 따라 몸을 움직이기 때문에 식당을 갈 수 없다고 한다. 칫솔이나 마늘 빻는 절구방아를 세트로 들고 다니는 아이도 있어 외출이 겁나기도 한다. 우리 기관에 올 때도 어김없이 들고 와서 한 손에는 절구통을 한 손에는 빨는 것을 쥐고 놓지 않아서, 손을 사용해야 하는데 수업이 제대로 진행되지 않는다. 청소기 돌리는 소리에 귀를 막고 소리를 질러 청소기나 믹서기를 사용하지 못하는 집도 있다. 밤 11시만 되면 옷을 입고 나가자는 아이도 있어 아이가 소리를 치고 울면 이웃에 방해가 될까 봐 어쩔 수 없이 옷을 주섬주섬 입고 나가야 하는 부모도 있다. 여름에는 그나마 괜찮은데 겨울에는 춥기도 하고 옷도 여러 겹 입어야 해서 정말 미칠 지경이라고 한다.

우리 기관은 볼풀장이 12평가량 된다. 아이들이 볼풀장에서 바깥으로 마구 공을 집어 던지면 교사들은 공을 다시 볼풀장으로 집어넣느라 땀을 뻘뻘 흘리며 뛰어 다닌다. 아이들이 가고 나면 교실은 여기저기 책이랑 크레파스 등이 흩어져 있어 교사들은 교실 정리에 많은 시간을 보낸다. 그런데 나는 가끔씩 선심 쓰듯 교사들에게 볼풀장 공을 내가 다 정리할 테니 들어가서 쉬라고 한다. 교실도 정리해 줄 테니 잠깐 자리를 비우고 다른 곳에서 시간을 보내라고 한다.

그러고는 공이 바깥으로 나와 있는 꼴을 못 보는 자폐 아이 두세 명을 불러 놓고 커피 한 잔을 마시며 지켜본다. 순식간에 공은 제자리를 찾는다. 교실 정리도 마찬가지이다. 글자도 모르는 자폐 아이가 책을 번호순으로 한 치 흐트러짐 없이 정리해 놓고, 크레파스도 위에 쓰여 있는 글자에 맞추어 완벽하게 정리해 놓는다.

교사들은 모른다. 내가 정리해 준 줄 알고 미안해하면서 한편으로는 고마워한다. 교사들이 스스로 자폐 아이의 특성을 파악할 동안 나는 비밀을 지키고 입을 꾹 다문다. 시간이 지나 교사들이 자폐 아이들의 특성이 파악되면 왜 진작 가르쳐 주지 않았냐고 반문한다. 그러면 나는 스스로 깨우친 것이 산지식이 되고 교사의 재산이 된다고 말해 준다.

자동차 바퀴에 집착하는 아이들은 자동차를 주어도 바퀴만 돌리면서 논다. 주차장에 데려다 놓으면 세상을 다 가진 것 같은 행복한 표정으로 시간 가는 줄 모르고 바퀴를 만진다. 블록을 주면 쌓으면서 노는 것이 아니라 한 줄로 긴 거리를 0.1mm의 오차도 없이 가지런히 맞추어 놓는다.

열린 것을 못 견디는 아이는 분명 내가 가방의 지퍼를 열어 놓고 갔는데 화장실만 갔다 오면 곱게 잠겨 있다. 심지어 교사들이 트레이닝복을 입고 지퍼를 열어 놓고 있으면 쏜살같이 달려가 지퍼를 잠겨준다. 단추도 마찬가지이다. 이러한 일상이 계속 반복된다.

어떤 아이는 피아노를 배운 적도 없는데 어떤 노래를 들려주어도 정확하게 피아노를 쳐서 우리를 경악하게 만들기도 한다. 그래서 어머니에게 피아노를 한 번 시켜 보라고 권유했더니 한 달 동안 '도, 레, 미, 파, 솔, 라, 시, 도' 계명을 못 쳐서 결국 포기한 경우도 있었다.

자폐 자녀를 키우는 엄마들은 학년 초가 두렵다. 학교 첫 입학식 날 간단한 설명을 마치고 아이들을 일찍 집에 보내 주면 아이는 다

교사! 그 아름다운 이름

음날 첫 날 마친 시간이 되면 혼자 집으로 와 버리기 때문이다. 그리고 첫 날 갔던 길로만 학교를 가야 하고, 수업 시간표가 요일마다 다른 것도 적응이 쉽지 않기 때문에 진땀을 빼게 만든다. 심지어 어떤 엄마는 우리 기관이 견학 가는 날 학교에 가는 것보다는 견학을 보내는 것이 더 효과적이겠다는 생각이 들어 새벽에 일어나 학교 시간표에 따라 집에서 수업을 다 해 주고 데리고 오는 경우도 있었다.

이렇게 자폐 아이들은 각자의 개성이 강하다. 숫자도 모르는 아이가 계산을 암산으로 하기도 하고 백과사전을 통째로 외우기도 한다. 노래를 듣기만 해도 피아노로 다 짚어내는 아이가 계명은 모르는 불가사의한 일이 자폐 아이들에게는 일어난다. 인간의 두뇌로 도저히 이해할 수 없다. 어느 정도 예측이 되는 장애유형의 아이들보다는 양파껍질처럼 벗겨도 또 새로운 속살을 보여 주는 자폐 아이가 나에게 훨씬 매력적으로 다가온다.

# 공군사관학교를 다닌
# 시각장애 학생

　모 대학에서 강의 시간에 만난 시각장애 학생은 세월이 지나도 내 기억 속에 가슴이 먹먹한 잔상으로 남아 있다. 첫 수업을 들어간 날 유독 나의 눈길을 끈, 아우라가 비치고 큰 키에 너무나 잘생겼던 학생이었다. 이 학생은 유일하게 안내견 없이 혼자 다녔다. 문제를 주관식으로 어렵게 출제했는데도 불구하고 중간고사에서 유일하게 100점 가까이 받았다.

　그런데 기말고사에 응시하지 않았다. 며칠 후 시각장애 학생의 어머니에게서 전화가 걸려 왔다. 이런 경우 점수에 대한 부분을 물어보든지, 아니면 기말시험을 보충할 방법을 물어보는 것이 일반적이다. 그러나 이 학생의 어머니는 달랐다. 교수님께서 한 학기 동안 열정을 다해서 지도해 주셨는데 시험을 못 보게 되어서 죄송하다는 말로 통화는 시작되었다. 그리고 이어진 어머니의 말씀은 가슴을 먹먹하게 만들었다.

　아들은 공군사관학교를 다녔는데 졸업 시기 쯤 눈을 다쳐 중간에

교사! 그 아름다운 이름

실명이 되었다고 하였다. 병원에서 깨어난 순간 자신의 실명 사실을
알고 첫 번째 자살을 시도하였단다. 그리고 두 번째는 결혼하기로
약속했던 약혼녀가 떠나던 날이었단다. 어머니의 표현에 의하면 "세
상에 내 아들이긴 하지만 그렇게 모진 줄은 몰랐어요. 얼마나 독하
게 굴었던지 3년 내내 찾아오는 약혼녀를 괴롭혀 결국 약혼녀가 포
기하고 더 이상 찾아오지 않게 된 날 아들이 두 번째 자살을 시도했
었어요."

그리고 이번이 세 번째인데 이번에는 이유를 잘 모르겠다고 하셨
다. 졸업이 다가오면서 뭔가 자신에 대한 여러 가지 복잡한 심정이
그렇게 만든 것 아닌지 짐작할 뿐이라고 담담하게 말씀하셨다.


그 담담함이 오히려 울음보다 더 크게 어머니의 아픔이 내 가슴
에 다가왔다. 통화를 마치고 한동안 아무 일도 손에 잡히지 않았다.
'중도 실명'이었을 때 받았을 심적 고통을 내가 다 이해할 수 있는 것
은 아니지만 그동안 숱하게 보아 온 주변인들을 통해 그 고통이 느
껴졌다. 지금쯤 어떻게 생활하고 있을지, 시각장애 영역을 수업할
때면 항상 떠오르는 얼굴이다.

34

# "안녕하십니까?"로
# 잠을 깨우는 자폐 아이

모 대학의 강의실 풍경은 다른 곳과는 다르게 좀 독특하다. 시각장애 학생들의 곁에 의젓하게 앉아 있는 안내견, 청각장애 학생들이 모니터를 통해 글을 읽을 수 있도록 빠른 속도로 타자를 쳐 주는 도우미 학생, 자폐학생, 장애가 없는 학생들이 모두 한 반에 통합되어 수업이 진행되고 있다.

나른한 오후 수업시간이었지만 이 반은 유독 조는 학생이 단 한 명도 없었다. 자폐학생 한 명이 10분 간격으로 일어나서 이상한 고음으로 발음하는 "안녕하십니까?" 덕분이었다. 50분 수업 동안 정확하게 4번을 일어나 "안녕하십니까?" 한 마디로 모두의 잠을 깨웠다. 이 때문에 졸려고 준비 자세에 들어간 학생도 자폐학생의 소리에 소스라치게 놀라 잠을 깨게 되는 것이다.

이 학생은 수업이 시작되면 중간에 슬그머니 일어나 뒷문으로 나갔다가 잠시 후 앞문으로 들어온다. 그리고는 호주머니에서 부서진 비스킷과 사탕을 꺼내며 나에게 "먹어." 하며 건네준다. 나에게 반

말을 사용하는 유일한 학생이다. 이 행동은 내가 수업에 들어갈 때마다 반복되었다. 하루는 호기심이 일어 수업 전에 미리 과대표를 불러 자폐학생이 나갈 때 뒤를 따라가 보라고 하였다.

맙소사! 알고 보니 자폐학생은 같은 건물에서 총장님을 비롯해 처장님들이 모여 회의하는 장소에 노크도 없이 들어가서 나에게 주기 위해 그 곳에 준비된 비스킷과 사탕을 공수해 오는 것이었다. 호주머니에 넣고 오다 보니 걷는 동안 비스킷은 자연스럽게 부서져 나에게 당도할 때는 거의 가루 수준이 되어 있었던 것이다. 그러나 세상에서 가장 행복한 선물이었다.


이 학생을 학교 식당에서 마주쳤다. 어떻게 배식을 가져가는지 궁금하여 배식이 끝날 때까지 뒤따라가다가 같이 밥을 먹자고 하였다. 이 학생은 반찬으로 나온 순두부를 보더니 마치 재미있는 장난감을 발견한 것처럼 환한 표정을 지으며 손으로 주무르고 놀기 시작하였다. 촉감이 좋았었나 보다. 잠시 지켜보다 순두부를 다시 가져다주면서 손으로 주무르고 노는 것이 아니라 먹는 것이라는 것을 보여 주어도 끝내 순두부는 먹지 않았다. 그러나 기억에 남는 오찬이었다.

## 35

# 안내견의
# 꼬리를 밟다

○○대학교의 수업시간에 있었던 일이다. 지금도 그때 생각을 하면 안내견에게 미안함과 함께 죄스러움이 가시질 않는다. 햇살이 따사하게 내리쬐는 오월의 어느 날, 모둠조별수업을 주로 하는 나는 학생들을 보며 피드백을 하고 다니느라 책상 사이의 통로에 앉아 있는 안내견을 미처 보지 못했다.

그런데 6cm 힐 아래로 뭔가 물컹한 것을 밟은 것 같은 느낌이 들었다. 직감적으로 내가 무슨 실수를 한 것인지 알았다. 안내견의 꼬리를 밟은 것이었다. 아차 싶었지만 이미 엎질러진 물이었다. 너무 놀라 안내견의 꼬리를 살펴보니 피가 조금 나 있었다. 얼마나 아팠을까? 그럼에도 불구하고 잘생긴 안내견은 얼마나 훈련이 잘 되어 있었던지 그냥 "끙." 한마디 하고는 미동도 하지 않았다. 순간 강의실에는 찬물을 끼얹은 듯 정적이 흘렀다. 서로 말은 하지 않았지만 자신의 본분에 너무나 충실한 안내견의 의연한 모습이 모두의 가슴에 잔잔한 감동을 안겨 준 것이었다.

점심식사 후 햇살이 따사롭게 창을 통해 비추면 한두 명씩 졸기 시작한다. 눈꺼풀만 꿈쩍이며 주인 곁에 말없이 앉아 주인의 움직임만 주시하는 안내견을 보고 누군가가 "우리는 개만도 못한 것 같아. 반성해야 할 것 같아."라고 말하는 순간 폭소가 터졌지만 모두들 무슨 의미인지를 깨닫고 있었다. 소변이 마려워도 주인의 느린 걸음에 보조를 맞추어 천천히 걷다가 화장실에 도착하자마자 펑펑 소변을 쏟아냈던 안내견. 안내견이 말없이 우리에게 준 교훈은 아직 내 가슴에 소중히 간직하고 있다.

36

실습이야기1
# 우리 실습생은 아이와 동급

　실습 지도를 가는 날짜가 예정되어 있었음에도 불구하고 한 제자에게서 보육실습이 너무 힘들다고 계속 연락이 왔다. 실습기간이면 으레 있어 온 상황이라 대수롭지 않게 생각하고 원래 실습은 쉽지 않은 것이라고 달랜 후 전화를 끊었지만, 실습한 지 3일도 안 되어 계속해서 연락이 오는 것을 보니 '정말 힘들어서 그런가 보다'라는 생각이 들었다. 급히 가 보아야 할 것 같아서 실습기관에 전화를 해서 양해를 구한 후 실습지도 날짜를 변경하여 방문하였다.

　이 교육기관은 ○○시에서 손에 꼽히는 큰 기관일 뿐만 아니라 민간어린이집임에도 불구하고 국공립기관과 처우가 같았다. 그리고 제자가 사는 집에서 창문을 열면 보일 정도로 가까운 거리에 있었다. 이 제자는 과대표를 맡고 있었고, 약간 무뚝뚝하긴 하지만 성실했기에 내가 추천하여 이미 2학년 때 이 기관에 취업하기로 약정이 되어 있었다. 그래서 3학년 때 보낸 실습에서 무슨 일이 생긴 것은 아닌지 불안한 마음으로 실습기관에 달려갔다.

교사! 그 아름다운 이름

그런데 전혀 예상치 못했던 당혹스러운 상황을 접하게 되었다. 주임교사가 그야말로 입에 거품을 물고 얘기할 정도로 화가 나 있었다. 난 주임교사 앞에서 어린아이처럼 1시간 정도 꾸중(?)을 들으며, 죄인 아닌 죄인이 되어 죄송하다는 말밖에 할 수 없었다. 주임교사의 첫마디가 "교수님, 내가 신입 원아를 한 명 더 받았어요. 15년 정도 실습 지도를 했지만 내 평생 이런 학생은 머리털 나고 처음 봤어요. 우리 교실에서 아이들에게 바깥놀이 나가자고 하면 다들 자신이 앉았던 의자는 밀어 놓고 나가는데 딱 한 명 그냥 나가는 사람이 있어요. 누군지 아시겠어요?" 이 말에 난 모든 상황을 파악할 수 있었다. 이어서 고개를 들 수 없는 며칠 동안의 상황을 듣게 되었다.

　"도대체 실습 온 학생이 어떻게 신발장에 있는 신발을 꺼내지도 않고 발을 신발장에 올려 신발을 신고, 교사든 원장님이든 봐도 인사도 안 해요. 실습 온 첫 날, 내가 아래층에 잠깐 내려가야 할 일이 있어 실습생에게 아이들을 잘 관찰하고 있으라고 부탁한 후 잠시 후 교실에 올라왔더니 실습생이 어떻게 했는지 조용하던 우리 반 아이들이 방방 뛰고 난리가 났어요. 그중 한 아이를 불러 훈육을 하고 있는데 아이의 눈길이 저를 쳐다보지 않고 자꾸 내 뒤만 쳐다보길래 이상해서 뒤를 돌아보았더니 실습생이 글쎄 내 뒤에서 아이에게 하트를 팡팡 날리고 있는 거예요. 이게 말이 되냐구요."

　"이쁜인 줄 아세요. 연필을 깎다가 연필깎이가 떨어져 연필심 가루가 책상뿐만 아니라 의자에 온통 다 쏟아졌는데도 책상만 닦는 거예요. 그리고 실습일지에 계속 코멘트를 달아 주었는데도 아무런 변화가 없어 이상하게 생각하고 물어보았더니 실습일지의 코멘트도 안 봤다고 너무 당당하게 얘기하는 거예요. 정말 어이가 없었어요. 며칠밖에 되지 않았는데……."

"원장님이 졸업하고 우리 원에 올 선생님이니까 책임지고 잘 지도하라고 해서 저도 신경 써서 지도하려고 했는데… 일반적으로 실습생들은 실습 끝나는 시간이 되면 가도 되냐고 물어본 후 준비해서 가는데, 이 학생은 실습 끝날 시간 되면 집에 갈 준비 다 하고 와서는 그냥 '갑니다.'라고 인사하고 가라고 얘기하기도 전에 시간만 되면 그냥 가는 거예요. 이것뿐인 줄 아세요. 교실에 있는 화장실 청소 좀 하라고 하면 호스는 사용한 후 그냥 내팽개쳐 놓은 채 그대로 두고 가고……. 제가 다 얘기하려면 끝이 없어요. 더 이상 실습 지도를 못할 것 같아요."

이런 상황에서는 무조건 죄송하다고, 내가 잘못 가르친 죄라고 하는 말 외에는 입이 열 개라도 할 말이 없었다. 주임교사에게 꾸중 듣는 아이마냥 계속 저자세로 죄송하다는 말만 되풀이하는 나의 모습을 보고 이 제자도 무슨 생각이 들었는지 저녁에 죄송하다고 전화가 왔다. 일단 실습 잘 마무리하고 학교에서 얘기하자고 했다.

상황을 학과장님께 보고하였더니 학과장님께서 "그 학생은 과사무실에 오면서도 나한테 인사 한번 한 적 없어요."라고 말씀하셨다. 그런데 나는 한 번도 그런 상황을 겪어본 적이 없었다. 알고 보니 특정 교수님들께만 인사를 했던 것이었다. 사실 학교에서는 친구들과의 관계, 성실성, 인성 등은 어느 정도 파악되지만 기본적인 생활은 잘 모른다. 생각지도 못했던 신발 신는 부분부터 문제가 생기리라고는 예상도 못한 것이었다.

실습을 마치고 학교에 온 날, 난 제자를 불러 마음은 아팠지만 심각하게 얘기했다. 보육현장은 네가 만나게 될 모든 아이들에게 네가 가진 것만큼만 줄 수 있는 곳이고, 교사는 갈고 깎여 보석처럼 다듬어져 있어야 하는데 네가 준비가 안 되어 거친 돌멩이 같으면 모든 아이들에게 부정적인 영향을 미칠 수 있으니 좀 더 준비가 된 후 가는 것이 좋겠다고……

이 제자는 현재 사무직에 잘 근무하고 있으며, 본인도 만족해하고 있다.

## 실습이야기2
# 나는 방관자 실습생

어느 날 저녁, 다음날 내가 실습 지도를 가기로 예정된 기관에서 실습을 하고 있는 한 학생의 아버님이 전화를 주셨다. 다짜고짜 "우리 아이 보육교사 안 시킬 거니까 내일부터 실습 안 보냅니다."라고 하셨다. 흥분한 아버님의 격앙된 말씀인즉, 실습기관에서 아이를 차별대우하고 실습 지도도 제대로 안 한다고 하셨다. 아버님의 흥분이 좀처럼 가라앉을 것 같지 않아서 우선 죄송하다는 말씀을 드리고 상황을 알아보고 다시 전화를 드리겠다고 했더니 전화할 필요 없다고 하시고는 전화를 끊으셨다.

다음날, 상황을 정확하게 파악하기 위해 제자랑 먼저 통화를 했다. 자초지종을 물어보자 자기네는 아동복지전공 학생을 한 번도 받아 본 적이 없는데 네가 잘 해야 다음에 다른 학생들도 받는다고 해서 첫날부터 기분이 나빴다는 것이다. 그 기관에서는 당연한 얘기를 한 것인데도 본인 입장에서 곡해를 하면 아동복지전공 학생을 한 번도 받아 본 적이 없다는 말이 유쾌하지 않았을 수도 있다. 그리고 모든 면을 못마땅하게 여기고 자기는 배우려고 간 것인데 잘 가르쳐 주지도 않으면서 "이건 다 아시죠."라고 얘기한다는 것이다. 더 불쾌한 것은 다른 학교에서 실습 온 보육학과 학생들에게는 상냥하게 대하면서 본인에게는 그렇지 않다는 것이었다.

우선 알았다고 하고 실습기관으로 전화를 했다. 마침 실습 담당 선생님이 전화를 받으셨다. 그러잖아도 오늘 실습 지도를 오시기로 되어 있는데 안 오셔도 될 것 같아서 전화를 하려고 했다는 것이다. 어찌된 사연인지 물어보자 자기네도 이해가 안 간다고 참 황당하다고 하였다.

이 학생은 처음 온 날부터 실습을 온 건지 교사가 될 마음은 있는지 그냥 팔짱끼고 쳐다만 보고 있었다는 것이다. 태도가 이상해서 물어보니 자기는 보육교사가 될 마음이 없다고 얘기하더란다. 그리고 의욕도 없고, 뭔가를 시키면 전혀 알아듣지도 못하는 것 같은데 물어보지도 않더란다. 마침 내가 실습 지도를 가기로 한 날 부분 수업을 하기로 되어 있는데 아무런 준비도 하지 않는 것 같아서 실습 지도 선생님께서 이것저것 챙겨주셨는데도 반응이 별로 없는 것을 보고 옆에서 얘기를 듣고 있던 원장 선생님이 "선생님, 너무 신경 써서 그렇게 하지 마세요. 본인이 하려고 해야지 저런 자세를 가지고 뭘 배우려고 왔는지." 하셨단다. 그리고 근처 기관 선생님들이 전체적으로 모여서 행사를 하는데도 그냥 멀뚱하게만 서 있어서 다른 기관 선생님이 누구냐고 물어보아서 오히려 난감했다고 하셨다.

현장! 열정과 추억의 이름

이 제자는 1학년 입학할 때부터 보육교사를 하겠다고 한 학생임에도 불구하고 현장에 가서 무엇 때문인지는 모르지만 거짓말을 했던 것이다. 더 중요한 것은 학교생활에서 보여 주던 태도가 현장에서도 고스란히 드러났다는 것이다. 평소에도 상대가 하는 말을 곡해하거나, 조금만 자기의 마음에 안 들어도 뚱해 있다. 기본적인 예의도 없으며, 불성실하고 상대를 배려할 줄 모르며 독선적이다. 그래서 실습을 보낼 때부터 마음에 걸렸던 제자였다. 이 제자는 결국 실습을 중간에서 포기했다. 기본적인 인성이 갖추어져 있지 않아도 과목이수만 하면 보육교사가 될 수 있는 현실에서 교수가 개인적으로 교사가 될 수 있는 길을 막을 수 있는 방법이 없기 때문에 마음속으로는 무척 다행이라는 생각이 들었다.

## 38

실습이야기3
## 실습생의 특기는 졸기

실습 지도를 다니다 보면 예상치 못한 경험을 많이 하게 된다. 아무 사실도 모른 채 실습 지도를 위해 기관을 방문하면 낯 뜨거운 이야기를 들어야 하는 경우가 종종 발생한다. 이번에도 실습학생의 행동이 가관이 아니라는 얘기를 먼저 들어야 했다. 이야기 나누기 시간에 뒤에서 앉아 꾸벅꾸벅 졸기도 하고, 교실에서도 중간중간 졸았다고 한다. 어이가 없어 이유를 물어보았더니 기면증이라고 하더란다. 학교에서 수업 중 자주 졸기도 하지만 경우에 따라서는 졸지 않는데 기면증이라니…….

실습 기간임에도 불구하고 지각을 심심찮게 하며, 배우려는 의욕도 별로 없어 보육교사가 되려는 의지가 있는지 의심스럽다고 하셨다. 마침 실습기관이 평가인증을 받게 되어 있는데, 평가인증 시 오는 주는 알려 주지만 요일은 알려 주지 않기 때문에 일주일 내내 긴장하게 된다. 그런데 이 어린이집은 목요일까지 오지 않았기 때문에 당연히 금요일에 오게 된 것이다. 운이 좋았다고 서로 격려하면서 마지막까지 최선을 다하자고 했단다.

대박사건은 평가인증하는 날 일어났다. 평가인증 때문에 기관에서도 바짝 긴장하고 목요일 저녁에 미리 교사들에게 내일은 다른 날보다 30분 일찍 출근하라고 말하고, 실습생에게는 따로 불러 한 번더 말해 주었다고 한다. 그런데 오히려 평가인증하는 날 30분 늦게 출근했더란다. 그리고 여기서는 말할 수 없지만 6개월 동안 준비해온 평가인증이 취소될 뻔한 결정적인 실수를 했단다. 평가인증 팀이나간 후라 천만다행이었지만 담임교사의 이야기를 전달받은 원장과 모든 교사들은 가슴을 쓸어내렸다고 했다.

아동복지전공은 사회복지사와 보육교사, 장애영유아를 위한 보육교사 자격증이 발급된다. 그래서 진로 선택이 다양하다. 이 제자는 2학년 때까지는 사회복지사의 길로 가겠다고 진로를 선택했다가 3학년 때 갑자기 보육교사가 되겠다고 했다. 보육교사의 자격증이 없어도 다른 선택이 가능했기에 고민 끝에 원장선생님께 보육교사 자격증이 나오지 않을 정도의 점수를 주면 좋겠다고 부탁을 했다. 이런 교사가 배출되면 이 교사가 만날 많은 아이들에게 부정적인 영향을 미칠 수 있으므로 그렇게 하는 것이 오히려 우리 학생을 도와주는 것이라고 2시간 가까이 원장선생님을 설득했다.

원장선생님은 난처해하셨다. 실습생이 그 지역 주변 학생이라 솔직히 소문이 두렵다고 하셨다. 얼마 전에도 그 지역 근처 어린이집에서 실습했던 실습생이 나가서 이상한 소문을 퍼뜨려 원생들이 줄줄이 나갔다고 했다. 계속 설득했지만 고민해 보고 다음 날 연락을

교사! 그 아름다운 이름

주겠다고 하셨다. 다음날 원장선생님은 아무래도 안 되겠다고 점수를 줘야 할 것 같다고 미안하다고 하셨다.

마지막 방법은 하나였다. 내가 직접 말하는 수밖에 없었다. 제자를 만나 보육현장에 가지 말아야 할 이유를 설명하면서 장시간 설득을 했다. 혹 현장으로 나가면 경기도 권역은 나에게 다 연결되니 보육교사는 하지 말라고 협박 아닌 협박을 했다. 그리고 꼭 가고 싶으면 1년 후 다시 나를 찾아와서 변화된 모습을 보여 주면 내가 책임지고 어린이집을 추천해 주겠다고 했다.

이런 경우 나도 많은 고민과 갈등을 하면서 잘못 가르친 나를 자책하게 된다. 3년 동안 알게 모르게 정이 든 제자들이다. 그러나 학교에서 일정 부분 걸러 주지 않으면 현장에서 많은 문제가 발생할 수 있다. 더욱 중요한 것은 교사를 모델링으로 많은 영향을 받는 아이들에게 치명적으로 부정적인 영향을 미칠 수 있다. 생명을 키우는 소중한 직업이기에 나는 오늘도 내가 교수로서 어떤 모습으로 있어야 하는지 제자를 통해 나를 돌아본다. 제자의 모습에 나의 모습이 투영되어 있으므로…….

## 실습이야기4
# 실습생 자취하다

　무더운 여름 날씨지만 상쾌한 바람이 코끝을 간지럽히고 지나갔다. 보육실습 지도를 나가다 보면 출발부터 이렇게 기분 좋은 하루를 맞이하기도 한다. 특히 교육에 대해 뚜렷한 신념을 가지고 있는 원장님을 만나거나 우리 학생들이 실습을 잘하고 있다는 칭찬을 들으면 실습 지도의 고단함이 눈 녹듯이 녹는다.

　내가 개인적으로 무지 좋아하는 원장님이 계시는 어린이집에 실습 지도를 갔더니 원장님이 아주 반갑게 맞이해 주셨다. 커피를 마시면서 실습 학생에 대한 부분을 물어보기도 전에 원장님은 "교수님께서 너무 지도를 잘해서 보내 주신 덕분에 우리 교사들이 좀 혼났어요."라고 하셨다. 영문을 몰라 하자 원장님은 "처음 실습 나온 학생들이 어쩜 그렇게 교구를 잘 만드는지……. 글쎄 우리 교사들보다 훨씬 낫더라구요. 그래서 누구에게 이렇게 잘 배웠느냐고 물었더니 교수님 과목이라고 하기에 '역시.' 했어요. 꼼꼼하게 하나부터 열까지 다 피드백해 주셨다면서요. 우리도 사실 교구 제작이 필요한 경우가 많아서 혹시 시간되시면 한번 오셔서 특강 좀 해 주시면 좋을 것 같아요. 실습생들이 만들어 온 교구를 보여 주면서 좀 긴장하라고 했더니 교사들도 다 인정하던데요. 자기네들보다 훨씬 낫다고." 실제 경험 있는 교사들보다 잘 만들진 못했겠지만 우리 학생들이 칭찬을 받았다니 기분은 유쾌했다.

원장님의 말씀이 이어졌다. "세상에 내가 실습생 받으면서 이런 경우는 처음 봤어요. ○○ 학생이 집이 좀 멀어서 아침에 지각할까 봐 아예 실습지 근처에 두 달 동안 원룸을 얻었다고 하지 뭐예요. 어쩜 그렇게 성실하고 열심히 하는지 T.O만 나면 내가 데리고 있고 싶어요."라고 하셨다. 그래서 내가 미안하지만 혹시 반찬이라도 남으면 좀 챙겨서 주면 좋겠다고 부탁을 했더니 흔쾌히 그렇게 하시겠고, 저런 학생이면 없더라도 만들어 주고 싶다고 하셨다.

○○는 내가 현장에 있었더라면 함께 일하고 싶을 정도로 교사로서 잘 정제된 제자이다. 공부를 아주 잘하는 것은 아니지만 좋은 인성을 가졌고, 먼 거리에서 통학하면서도 단 한 번도 지각하지 않을 정도로 성실하다. 친구들을 배려하고 나눌 줄도 안다. 가정교육도 잘 받았고, 사랑받으며 자란 아이임이 그대로 드러난다.

원장님들은 일반적으로 교사 추천을 부탁할 때 밝고 긍정적이며, 성실하고 좋은 인성을 가진 반면, 성적은 중간쯤 되는 학생들을 요구한다. 너무 특출나게 똑똑한 학생은 오히려 현장에서 적응도 잘 못할뿐더러 교사들 사이에서 자주 문제를 일으키는 경우가 종종 있다. 자신감이 너무 넘쳐서 조금 경력이 쌓이면 다른 교사들을 무시하거나, 혹은 자기가 조금만 부당하다고 생각되면 여러 가지 상황을 파악하지 않은 채 다른 교사들을 선동하기도 하기 때문이다. 그래서 나도 개인적으로 학생들을 현장에 소개할 때는 여러 가지를 고려하여 원장님들의 요구에 가장 적절한 교사를 추천해 준다.

## 실습이야기5
# 실습생을 움직이는 아이의 힘

요즘은 교사로서 모든 조건을 다 갖추고 있어도 현장에서는 학생에 대해 잘 모르기 때문에 너무 살이 찌면 아예 면접에서 탈락되는 경우가 많다. 그리고 교사는 건강해야 하는데 너무 살이 찌면 병이 많게 마련이다. 그래서 나는 새내기들이 입학하면 다이어트가 필요한 경우 1학년 때부터 3년 내내 다이어트를 시킨다. 교사가 될 사람은 기본적으로 자기 몸을 제대로 관리할 줄 알아야 된다고 말하면서 자기에 대한 절제를 철저하게 교육시킨다.

그래서 원하는 학생들에게 5kg을 빼면 5학점을 올려 주고, 대신 못 빼면 마이너스 5학점을 주기로 계약을 한다. 추가적으로 5kg 이상을 빼면 빼는 kg만큼 점수를 더 주기로 약속을 한다. 성공률이 꽤 높다. 이쯤 되면 교수가 아니라 완전 트레이너trainer로 변신하는 것이다.

제자 중에는 좋은 인성과 현명함, 게다가 타인에 대한 배려와 리더십leadership을 고루 갖추어 과대표를 하고 있는 총명한 아이가 있다. 단 한 가지 문제는 지나친 비만이었다. 이 제자와도 본인이 원해서 학기마다 계약을 했다. 그러나 간혹 성공하는 학기도 있지만 번번이 실패했다.

그런데 6주간의 실습을 마치고 온 제자는 살이 제법 빠져 있었다. 실습 때문에 힘들어서 살이 빠진 줄 알았다. 그런데 이유가 다른 데 있었다. 첫날 실습을 하러 간 곳에서 배치된 반의 아이가 "선생님 배에 아기 들었어요? 우리 엄마 배랑 똑같아요. 우리 엄마가 동생을 낳으려고 하는데 이~만큼 배가 불러요."라고 하더란다. 이 말에 충격을 받은 제자는 6주 만에 4kg을 뺐다고 한다.

내가 그토록 다이어트를 시키려 해도 실패했는데 한 아이가 말 한마디로 제자의 마음을 움직인 것이다. 제자는 아이에게 그런 말을 들을 줄 몰랐다고 왜 교수님이 그렇게까지 자기네들을 다이어트 시키려고 했는지 이해가 되었다고 했다. 이 제자는 여름방학의 실습이 끝난 후에도 계속 다이어트를 해서 겨울 방학을 하기 전까지 9kg을 뺐다. 방학 중에도 계속 다이어트를 해서 졸업식에는 놀라운 모습을 보여 주겠다고 약속을 하고 헤어졌다.


뒤늦게 학업을 시작한 나이 많은 제자는 실습 간 첫날 아이에게 "선생님 할머니 같아요. 왜 이렇게 늙었어요."하더란다. 충격을 받아 퇴근하고 와서 하루 종일 거울만 보았단다. 요즘 아이들은 자신이 느끼는 것을 솔직하게 그냥 다 말한다. 그렇기 때문에 오히려 교사들이 종종 상처를 받곤 한다.

교사! 그 아름다운 이름

# 교사와
# 부모의 관계

　현장에 있는 한 숙제처럼 풀어야 할 과제 중 하나는 교사와 부모의 관계이다. 실제 현장에서는 교사와 부모의 관계가 원만하지 못해 퇴직하는 경우도 종종 발생한다. 교사들은 요즘 부모들이 너무 드세고 까다로우며 지나친 요구사항이 많다고 말한다.

　반면 부모들은 높아진 학력과 교육에 대한 관심 및 지식 습득으로 교사를 존중할 줄 모르며, 심지어 새내기 교사를 무시하기까지 하는 상황이 발생하기도 한다. 그래서 교사들은 모이면 부모가 화제의 중심에 올라오고, 부모들은 교사에 대한 이야기로 꽃을 피운다. 어쩌면 당연한 현상이다.

　그러나 이 과정에서 자칫하면 서로가 서로에게 상처를 남기는 경우가 많다. 오죽했으면 외부 교육기관의 원장이 직접 학교로 와서 진행하는 우리 과의 '모의 면접'에서 한 원장님이 "유아교육기관에서 교사가 가장 조심해야 할 것이 무엇이라고 생각하세요."라고 물어보았겠는가? 학생들은 아이들의 안전을 비롯해 다양한 대답을 했지만 정답이 나오지 못했다. 답은 '입 조심'이었다. 그만큼 말로 인해 원장과 교사, 교사와 교사, 교사와 부모 사이에 문제가 발생할 수 있는 원인을 제공하기 때문일 것이다.

　교사와 부모의 잘못된 관계는 아이들에게까지 영향을 미친다. 교사도 사람이다 보니 편애를 하면 안 된다고 하지만 솔직히 말하면 아무런 이유가 없는데도 주는 것 없이 예쁜 아이와 주는데도 미운 아이가 있다. 단지 겉으로 드러내지 않을 뿐이다. 그런데 부모와의 관계에서 예쁜 아이는 더욱 예뻐지게 되고, 미운 아이는 더욱 미워지는 경우가 더러 있다.

　그러므로 부모와 교사는 관계 정립을 잘해야 한다. 부모는 자기 아이를 맡아서 교육하는 교사에 대한 예의를 지켜 줌과 더불어 존중하는 태도를 보여야 한다. 교사를 행복하게 해 주어야 아이도 행복해진다.

　반면, 교사는 부모와 수평적인 관계를 유지하며, 아이의 전인적인 발달을 돕는 조력자이자 지원자로서 부모를 바라보고 지시적인 태도나 모습은 지양해야 한다. 이렇게 될 때 서로가 손잡고 나아갈 수 있는 건강한 협력 관계를 유지할 수 있을 것이다. 그래야 아이도 건강한 민주시민으로 서로를 배려하고 협력하는 모습을 습득할 것이다.

# 아동학대

유아교육기관은 펄펄 끓는 팥죽과 같다. 지켜보고 적절한 시기에 뚜껑을 열어 주지 않으면 조그만 사고들이 끊임없이 일어난다. 유아교육기관에서 일어나는 아동학대도 마찬가지이다. 미연에 방지하지 않으면 큰 사고로 이어지기도 하고, 어린아이들의 가슴에 치유할 수 없는 상처를 남기기도 한다.

아동학대와 관련된 교육과 홍보가 지속적으로 이루어지고 있지만 여전히 아동학대는 근절되지 않고 요즘도 신문의 한 면을 장식하고 있다. 최근에 일어난 어린이집의 아동학대 사건이나 남자 교사에 의한 성추행 사건 등 크고 작은 아동학대 사건이 근절되지 않고 있다. 한 곳은 내가 직접 관여를 했고, 한 곳은 개인적으로 알고 있는 교사라 한동안 일이 손에 잡히지 않았다.

이러한 일련의 사건들을 접하면서 그리고 실제 아동학대가 일어난 현장을 수습하면서 많은 생각을 하게 된다. 어디서부터 잘못된 것인지 거슬러 올라가면 몇 가지의 이유로 집약된다. 가장 큰 이유는 교사 개인이 가진 인성과 관련이 깊다고 할 수 있다.

그러나 이러한 이유 외에도 어린이집의 열악한 근무조건, 강도 높은 육체적 노동 등도 한 몫을 한다. 따라서 아동학대를 예방하기 위해서는 교사를 배출하는 기관이 철저한 교육과 더불어 교사들에 대한 인성검사를 먼저 시행해야 한다. 그리고 교사의 자질에 대한 철저한 검증이 이루어져야 한다. 그럼에도 불구하고 보육교사는 기본적으로 교사의 인성과 관련된 검사조차도 하지 않으며, 자질에 대한 부분도 검증하지 않고 과정만 이수하면 자격증이 발급된다. 심지어 교사자격증을 온라인으로 이수할 수도 있다. 모두에게 해당되는 것은 아니겠지만 이는 질 낮은 교사를 양성하는 하나의 요인이 될 수 있다. 현장에서는 온라인으로 이수한 교사들이 실습을 오면 아무것도 모르고 온다고 개선되어야 할 시급한 과제라고 아우성이지만 개선될 기미는 보이지 않는다.

교사라는 신성한 직업을 온라인으로 이수할 수 있도록 한 발상은 우리 모두가 반성해야 할 부분이다. 이를 생각해 낸 사람이나 부처에 과연 자기 자식을 온라인으로 이수한 교사에게 스스럼없이 맡길 생각이 있는지 한번 물어보고 싶다. 아마 좀 더 양질의 교육을 받은 교사에게 맡기고 싶다고 할 것이다. 교육은 지식만 습득하는 것이 아니라 교육자와 만나면서 그 속에서 많은 것을 느끼고, 그 과정에서 인품까지도 습득한다. 교육이라는 것에 대해서 진지하게 고민해

교사! 그 아름다운 이름

보고 내린 발상인지 아니면 내 자식이 아니니 상관없다는 것인지 꼭 한번 물어보고 싶다.

온라인으로 이수한 교사들이 아동학대를 한다는 의미는 결코 아니다. 다만 전반적으로 질 낮은 보육교사를 양성하는 시스템이 많은 문제를 일으킬 수 있다는 것이고, 이러한 요소가 아동학대를 일으킬 수 있는 하나의 요인이 될 수도 있다는 것이다. 이런 문제 때문에 일부 과목에 대해 대면교육을 실시하고 있지만 근본적으로 문제가 해결되는 것은 아니다. 그러므로 인성검사 및 자질을 검증할 수 없는 시스템 체계에서 아동학대가 근절되기란 쉽지 않다.

국가의 미래를 짊어지고 갈 인재를 양성해야 하는 교사를 배출하는 과정에 대해서 우리는 모두 책임의식을 가지고 양질의 교육을 고민해야 하며, 가장 시급한 교사의 인성과 자질을 검증할 수 있는 시스템을 최대한 빨리 구축해야 한다.

# 43

# 유아교육기관 매매와
# 두당 프리미엄

언제부터인가 교육기관에도 고액의 권리금이 붙기 시작했다. 심심찮게 들려오는 유치원 및 어린이집의 매매엔 꼭 두당(?)이라는 용어가 등장한다. 두당은 동물의 머릿수를 세는 단위였는데, 유아교육기관을 매매할 때는 사람의 머릿수를 세는 단위로 자연스럽게 사용되고 있다. 사람에게 적용시키는 것이 묘하게 불쾌하다.

개인이 출자하여 모든 시설을 완비하였으니 기본적인 권리금은 당연하다고 할 수 있다. 그래서 이를 전문적으로 알선하는 업체도 많이 생겼고, 이러한 업체들에 의해 권리금이 고공행진을 한 시절도 있었다. 권리금이 불문율처럼 되면서 내 주변에 심지어 프리미엄만을 위해서 개원을 하고 매매를 하고 또 개원을 하는 원장도 있었다. 교육이 아니라 아이들의 두당은 곧 돈이었다.

그러나 재원하고 있는 아이들을 대상으로 머릿수를 세어 두당 얼마씩 프리미엄을 매기는 것은 우리 모두가 심각하게 재고해 보아야 한다. 무언가 잘못되어 가고 있는 것이다. 교육이 이루어지는 곳에서 비밀처럼 이루어지는 두당 거래!

부모들이 자기 아이가 두당으로 거래된다는 것을 안다면 어떤 기분이 들까? 두당으로 매매하는 원장들은 만약 자기 아이가 다니는 곳에서 자기 아이의 머릿수를 세어 돈이 오고 간다면 어떤 기분일까?

친구가 어린이집을 매매한다고 찾아왔을 때 난 아무 말도 할 수 없었다. 자연스럽게 권리금이 이루어지는 거래에 대해서 말리지도 못하고 말없이 듣고만 있었다. 혹자는 내가 그동안 열심히 했는데 당연한 것이라고 항변할 수 있다. 맞는 말이다. 그러나 교육현장은 상가나 식당이랑 다르지 않은가? 우리는 혹 교육의 본질을 잃어버리고 있는 것은 아닐까? 두당 권리금을 챙기고도 아이의 해맑게 웃는 얼굴을 눈 마주치며 떳떳하게 바로 볼 수 있을까? 온갖 상념이 머리를 스치고 지나갔다.

나도 기관을 정리하고 대학에 들어갈 때 며칠을 고민했다. 솔직히 말하면 돈이 욕심났다. 내가 부자도 아닌데 그 돈이면 경제적으로 꽤 도움이 될 만한 액수였다. 그러나 나는 결국 포기했다. 아이의 눈을 똑바로 볼 자신이 없어서, 그리고 평생 후회하지 않기 위해서. 빈손으로 가는 세상에 그냥 남들 먹는 세 끼 먹고 살면 되는데 편안한 마음으로 살자고 생각했다.

가장 중요한 것은 내가 그렇게 하고 대학에 들어가서 예비교사를 양성할 자신이 없었다. 그래서 언젠가는 현장으로 돌아갈지도 모른다는 생각에 집기 하나 버리지 못한 것이 아직도 친구의 창고에서 고스란히 인고의 세월을 견뎌내고 있다.

　살다 보면 많은 선택의 기로에 서게 되는 경우가 있지만 교육기관을 두당 매매하지 않은 것은 가장 잘한 탁월한 선택 중 하나였다고 생각한다. 지금도 그때 우리 기관을 다닌 아이들의 부모님들을 만나지만 떳떳하다. 무엇보다 내 자신에게 부끄럽지 않다. 내 마음과 교육철학을 돈하고 바꾸었다면 이렇게 편안하지는 않았을 것이다.

　그래서 나는 아주 조심스럽게 부탁하고 싶다. 가능하면, 할 수만 있다면 두당 거래는 하지 말아 달라고. 조그만 욕심을 접고 그 아이들로 인해서 내가 교사라는 축복받은 직업이 있었고, 생활을 영위했고, 아이들과 함께 한 돈으로 살 수 없는 추억을 선물 받았으니 그것으로 자족하면 안 되겠냐고.

# 교육!
# 그 두려운 이름

교육은 배움이다. 배움은 수직이 아
닌 수평에서 출발한다. 우리는 서로가 서로에게 배움을 나누어 주
어야 한다. 그러므로 교육은 배워서 남 주어야 한다. 그럼에도 우리
는 흔히 "배워서 남 주느냐."라고 한다. 나만을 위한 교육은 죽은 교
육이며 이기적인 교육이다. 교육은 생명을 키우는 살림이어야 하
고, 누구에게나 평등해야 하며 나눔이어야 한다. 그러기에 교육은
나를 버리고 새롭게 탄생하는 과정이기도 하다. 마치 병아리가 알
을 깨고 나오듯이 인고의 세월도 견뎌야 하고 작은 생명의 소중함도
깨닫게 해야 한다. 그러기에 배움은 축제여야 하며 그 과정이 행복
해야 한다.

## 아이들에게 부치는 편지

### 민지의 꽃

정희성

강원도 평창군 미탄면 청옥산 기슭
덜렁 집 한 채 짓고 살러 들어간 제자를 찾아갔다
거기서 만들고 거기서 키웠다는
다섯 살배기 딸 민지

민지가 아침 일찍 눈 비비고 일어나
저보다 큰 물뿌리개를 나한테 들리고
질경이 나싱개 토끼풀 억새……
이런 풀들에게 물을 주며

잘 잤니, 인사를 하는 것이었다
그게 뭔데 거기다 물을 주니?
꽃이야, 하고 민지가 대답했다
그건 잡초야, 라고 말하려던 내 입이 다물어졌다

(중략)

꽃이야, 하는 그 애의 말 한마디가
풀잎의 풋풋한 잠을 흔들어 깨우는 것이었다

내가 아이를 가르치는 것이 아니라 아이를 통해 배웁니다. 아이가 우리의 스승이죠. 천진난만한 아이의 마음에서 천국을 보며 내 마음이 천국인지를 점검하고, 아이의 눈에서 순수를 보며 잃어버린 순수를 찾기도 하죠. 교육이라는 씨를 뿌리면 아이들은 정직하게 때로는 감동을, 때로는 슬픔을 건네주기도 하죠.

교육현장은 아이들이 있어서 행복하고 아이들의 종알거림이 넘쳐나서 생명의 터전이 되죠. 느려도 빨라도 한 아이만큼 이 세상에 눈부신 것은 없죠. 세상의 그 무엇하고도 비교될 수 없고 비교할 수 없는 소중한 한 아이, 한 생명. 그 아이들의 재잘거림이 현장을 살아 있게, 움직이게 만들죠. 고여 있으면 썩거든요. 말 한마디로, 고운 눈빛 하나로 날마다 나를 교사로서 성장시켜 주는 아이들에게 "고맙다. 네가 내 곁에 있어줘서"라는 말을 담아 선물하고 싶네요.

교육! 그 두려운 이름

# 44

# 교육의 질과
# 교직

　페스탈로치는 '교육의 질은 교사의 질을 넘지 못한다.'라고 말했다. 교육계에서 끊임없이 회자되고 있는 명언이다. 왜냐하면 교사는 자기가 가지고 있는 것만큼만 아이들에게 줄 수 있기 때문이다. 그러므로 제도나 환경이 바뀌어도 여전히 교사는 교육에서 가장 중요한 존재이고 교육의 중심에 서 있을 수밖에 없다.

　교사란 아이를 지도하는 중심 주체이며, 가치를 실현할 수 있는 살아 있는 인간을 대상으로 하기 때문에 교사의 질은 항상 논란의 대상이 되어 왔다. 그러므로 교육의 질을 높이기 위하여 석사 학위 이상만 교사가 될 수 있도록 전문대학원을 도입한다든지, 실습을 더 강화해야 한다든지, 사명감이 있는 학생들이 교대 및 사범대를 지원할 수 있도록 입시 제도를 개선해야 한다든지, 혹은 교사를 배출하는 대학을 졸업한 후 2~3년간의 연수를 거친 후 적격자에게만 교사 자격증을 부여하자는 등 다양한 의견이 제시되고 있다.

　외국의 경우 우리나라와 달리 교원 양성과정이 체계적이다. 미국

교사! 그 아름다운 이름

은 주州마다 다르지만 일반적으로 교육대학원에서 교원을 양성하는데 오전은 실습, 오후는 강의로 이어져 있다. 그리고 교실에서 배운 내용을 곧바로 실습에 접목하도록 강의·실습 연계형 시스템을 운영하고 있는데 산타바바라대학교의 경우 실습이 40주가량 된다.

프랑스는 석사과정 형태의 독립적인 교육전문대학원을 도입하여 유치원과 초·중등 교원을 양성하고 있으며, 석사 과정 중 마지막 1년은 실습을 의무적으로 하도록 되어 있다. 그리고 실습 기간에도 수습 공무원 수준의 급여를 지급하는 것이 특징이다.

핀란드는 유치원만 학사과정으로, 나머지는 5년제 석사과정으로 교원을 양성한다. 특히 이론을 실습에 직접 적용하도록 이론·실습 연계형 교육을 중시하는데 대부분 5년 동안 4회 정도 22주 이상을 실습한다. 예비교사의 실습은 10년 이상의 교직 경력에 2년간 연수를 받은 교사가 담당한다.

싱가포르는 난양공과대 산하 국립교육대NIE가 모든 교원을 배출하는 단일 양성 체제의 특징을 가지고 있다. 교육부가 관리하며 교육과정은 초등은 2년제, 중등은 4년제이고 등록금·생활비를 지원한다. 실습은 10주 정도이며, 신규 교사는 1년 동안 100시간의 연수를 받은 멘토 교사의 지도를 받는다.


세상은 빠른 속도로 변화하고 있고, 모든 학문 간 융복합 시대가 도래하면서 이제는 교사의 열정만으로 4차 산업혁명 시대에 적응할 수 있는 인재를 양성하는 것은 한계에 다다랐다. 그러므로 우리나라

교육! 그 두려운 이름

도 다른 국가들처럼 교사의 질을 향상시킬 수 있는 대안이 마련되어야 한다. 왜냐하면 국가 교육의 성패를 좌우하는 교사의 질은 교원을 어떻게 양성하느냐와 밀접한 관련이 있기 때문이다.

그럼에도 불구하고 우리나라는 1년 과정의 보육교사 양성과정을 비롯하여 온라인으로도 교사자격증을 취득할 수 있으며, 전공과가 아닌 곳에서도 교사자격 취득이 용이하다. 이런 시스템은 교사의 질을 떨어뜨리는 가장 큰 요인이다. 교사를 양성하는 기관부터 정비를 해서 교육의 질을 함양할 수 있는 체계적인 방안이 구축되어야 한다.

교사 스스로도 자신의 그릇 크기를 가늠해 보자. 그릇은 각자가 가지고 있는 크기만큼만 담을 수 있다. 그러므로 자기반성과 자기성찰을 통해 자신의 그릇을 키우기 위해 노력해야 한다. 반복되는 자아성찰을 통해 아이들과 나눌 수 있는 역량을 넘치도록 갈고 닦아야 한다. 이렇게 될 때 비로소 양질의 교육이 가능해지고 행복한 인재를 키우게 되며 자신에게 부끄럽지 않게 된다.

교사! 그 아름다운 이름

# 배워서 남 주는
## 교육

　미국 어느 일간지에 청소부가 거리를 청소하고 있는 모습을 보고 두 엄마가 말하는 내용이 담긴 한국 사람이 그린 만화가 실려 조회수와 댓글이 가득했다고 한다. 한 엄마는 그 광경을 보고 "만일 네가 열심히 공부하지 않으면 저 사람처럼 될 거야."라고 말하고, 한 엄마는 "만일 네가 열심히 공부한다면 저런 사람들에게 더 좋은 세상을 만들어 줄 수 있단다."라고 말하는 내용의 만화였다.

　우리는 아이들에게 어떤 교육을 하고 있는가? 소위 말하는 좋은 대학이라는 목표를 세워 놓고 모두 전력질주하게 만들고 있지 않은가? 낙오되는 아이는 뒤돌아보지 말고, 손도 잡아 주지 말고 혼자 열심히 달리라고 채찍질하고 있지 않은가? 잠자는 토끼를 깨우지 않고 내버려 둔 채 열심히 느린 걸음으로 목표에 도달한 거북이를 칭찬하고 있지 않은가? 누구 하나 왜 토끼를 깨우지 않았냐고 지적하지 않는다. 그래야 내가 이길 수 있기 때문에.

　이것이 우리가 아이들에게 보여 준 삶의 모델이다. 그래서 아이들

교육! 그 두려운 이름

은 지금도 전력질주하여 좋은 대학을 졸업하고 남들보다 더 나은 직장을 가져 미래가 보장되는 것을 꿈꾸며, 혼자 잘 먹고 잘 사는 것이 당연하다고 생각한다. 진정한 교육의 목표가 나 혼자 잘 먹고 잘 사는 것이 되어 버린 것이다.

우리의 교육을 한번 되돌아보자. 교육은 나눔이고 베풀어야 하는 것임에도 불구하고 아이들이 공부를 하지 않으면 우리는 "다 너 잘되라고 하는 거지. 배워서 남 주느냐."라고 한다. 우리의 이기심이 교육의 본질을 흐리고, 자기만 생각하는 아이로 키운다. 우리의 욕심이 내 아이만 잘되라고 한다.

우리 모두 잘못 가르쳤음에 반성하고 이제부터라도 배워서 남 주는 교육을 해야 한다. 나누어야 사람도 사회도 행복해진다. 내가 행복하려면 남도 행복해야 한다. 진정한 교육의 목적은 전인적인 발달을 도모하며 자신의 능력을 개발하여 자신의 삶을 잘 영위하고 행복한 사회인으로 살아갈 수 있도록 하는 것이기 때문이다.

설레지 않는가? 배워서 남 주는 교육, 말만 들어도 가슴 뛰지 않는가? 배워서 남 주는 교육, 희망이 보이지 않는가? 배워서 남 주는 교육. 놀이마당으로 달려 나와서 흥겹게 한판 어우러지고 싶지 않는가? 배워서 남 주는 교육, 정말 살맛 나지 않는가? 배워서 남 주는 교육.

교사! 그 아름다운 이름

## 46

# 행복한
# 교육과정

'행복한 교육과정' 누구나 한 번쯤은 고민해 본 문제일 것이다. 교육과정이 행복해야 한다는 것은 누구나 공감한다. 그럼에도 불구하고 우리는 종종 과정보다는 결과를 가지고 평가한다. 영유아들의 놀이가 결과보다는 과정 중심이듯이 우리의 교육도 과정 중심으로 제자리를 찾아 돌아가야 한다.

우리 아이가 고등학교 2학년 여름방학이 시작되던 날 선전포고를 했다. "학교에 다니고 싶지 않아요. 자퇴할래요." 왜냐고 이유를 물었더니 "학교 다니는 것이 행복하지 않아요."라고 대답했다. 이 대답을 듣고 나는 망설이지 않았다. 다음날 아이랑 함께 학교에 가서 자퇴서를 제출했다. 학교의 어머니회 부회장을 맡고 있는 나와 임원이었던 아이가 학교를, 그것도 고2에 그만두겠다고 하자 교장선생님께서 만류하셨다. 한 학기만 지나면 수시인데 아무런 대책 없이 너무 무모한 결정을 한 것은 아닌지 반문하셨다.

그러나 나는 교장선생님께 "우리 아이가 행복하지 않다고 하네요.

저는 결과도 중요하지만 우리 아이가 학교를 다니는 동안 행복했으면 좋겠어요. 우리 아이가 살아갈 날이 아직도 많은데 좀 천천히 돌아가면 어때요. 아이가 행복할 수 있다면."이라고 대답하고 자퇴서에 사인한 후 아이의 손을 잡고 학교를 나왔다. 아이를 믿고 있었기에 불안하지는 않았다. 행복하지 않다는 확실한 이유가 있었기에 '좀 천천히 가지 뭐'라는 생각으로 아이의 결정을 존중했다.

그 결과, 우리아이는 대한민국에서 가장 행복한 고3을 보낸 아이 중 한 명이 되었다. 얼마쯤 백수생활을 하다가 본인이 선택해서 대안학교를 갔고, 대안학교에서 만난 교장선생님은 교육자로서 나에게 깊은 감명을 주었다. 면접을 위해 복도를 걸어가는 동안 교장선생님은 만나는 아이들의 이름을 전부 불러주셨고, 심지어 아이의 근황까지 파악하고 계셨던 것이다.

이런 학교라면 아이가 행복할 수 있겠다는 생각이 들어 받아만 준다면 무조건 다니겠다고 말씀드렸다. 기존 교육체계랑 맞지 않으니 1학년부터 다시 해야 한다고 해서 그렇게 하라고 했다. 얼마 후 아이를 지켜보던 학교에서는 그냥 2학년에 다니라고 하였다. 고3 시절, 아이는 고3임에도 불구하고 명동을 거닐고, 자신이 하고 싶은 것을 하며 고3 시절을 행복하게 보냈다. 그 후에는 검정고시를 봐서 글로벌 리더를 뽑는 전형에 합격하여 대학에 진학하였다.

대학에 진학해서도 아이는 행복해했다. 심지어 "엄마 아빠, 대학이 이렇게 재미있는 곳인 줄 진작 알았으면 중학교도 검정 볼 걸."이라고 했다. 호기심에 물어보았다. "너네 학교 교수님들이 그렇게 수업을 재미있게 잘 하시니?"라고 하자 "아니, 꼭 그런 건 아니지만 모든 게 다 정말 재미있어."라고 했다. 왜 그런 말을 했는지는 집으로 발송된 성적표를 받아 보고 알았다. 아뿔싸! 집으로 도착된 성적표에는 쌍권총F학점이 네 개나 있었다. 8과목 중 반타작을 했으니 얼마나 학교생활이 행복했겠는가?

아이에게 다음 학기엔 두 과목이라도 F를 줄여 달라고 부탁했더니 얼마나 약속을 잘 지키는지 정말 두 과목만 F를 받아왔다. 또 다시 이어진 부탁, "이러다가 계절학기 수강해도 졸업 못 해. 학점 잘 안 받아도 좋으니 제발 F만 받아오지 마."라고 했다. 그랬더니 우리 아이의 반격, "엄마, 내가 F 안 받으면 누군가는 F 받아요. 엄마 아빠도 내가 어려서부터 남을 배려하는 사람이 되라고 했잖아요. 그래서 배려 차원에서 깔아 주는 거예요."라고 했다. 할 말을 잃었다. 이제 와서 부모가 했던 교육이 잘못되었으니 그러면 안 된다고 할 수도 없는 노릇이었다. 그 결과 우리아이는 의대생이 아님에도 불구하고 7년 넘게 아직도 학교를 다니고 있다.

그러나 돈으로도 그 무엇으로도 살 수 없는 중요한 사실 하나는 교육과정이 행복하기에 우리 아이는 아침에 눈을 뜨자마자 "아, 오늘도 너무 행복해."로 시작한다는 것이다.

## 47

# 슬픈 다람쥐와
# 두더지

**다람쥐와 두더지**

나무에 잘 오르지 못하는 다람쥐는

슬픈 다람쥐다

땅을 잘 파지 못하는 두더지도

슬픈 두더지다

하지만 그보다 더 슬픈 다람쥐와 두더지는

나무를 포기하고 땅을 파는 다람쥐와

땅을 포기하고 나무에 오르려는 두더지다.

〈짧은 동화 긴 생각〉 중에 나오는 '다람쥐와 두더지'를 읽으면서
짧은 글이지만 나를 돌아보고 많은 생각을 하게 된다. 내가 하고 있
는 일이 교육이라는 미명하에 마치 나무를 포기하고 땅을 파는 다람
쥐와 땅을 포기하고 나무에 오르려는 두더지를 양산하는 것은 아닌
지 두렵다.

교사! 그 아름다운 이름

교육은 콩나물시루의 콩나물 키우기와 같아서 물을 주면 밑으로 다 흘러가는 것 같지만 시간이 지나면 생명을 싹 틔운다. 그러나 너무 많은 물을 주면 오히려 썩어 버리고, 반면 너무 적은 물을 주면 자라기는 하지만 왜소해진다. 그리고 조급해서 자주 들여다보면 파랗게 된다. 그러기에 필요한 시기에 물을 적절하게 주고, 지나친 관심보다는 혼자 자라도록 일정기간 인내를 가지는 기다림도 필요하다.

　그러므로 교사는 인격을 바탕으로 아이의 개성을 키울 수 있도록 과하지도 부족하지도 않은 준비된 전문적인 교육기술을 가지고 있어야 한다. 이러한 부분이 갖추어져 있지 않으면 다람쥐에게 나무를 포기하고 땅을 파라고 하고, 두더지에게 땅을 포기하고 나무에 오르라고 종용한다. 더 심한 경우에는 나무에 잘 오르지 못하는 다람쥐는 떨어뜨리고, 땅을 잘 파지 못하는 두더지는 흙 속에 파묻혀 질식하게 만든다.

　잘못된 교육은 각자의 개성을 말살시켜 버리고, 가치가 무엇인지, 자기가 무엇을 해야 하는지 모르는 채 생각 없이 자라는 아이로 획일화시켜 버린다. 진정한 교육은 나무에 잘 오르지 못하는 다람쥐를 격려하여 나무에 오를 수 있도록 지원하고, 땅을 잘 파지 못하는 두더지에게는 용기를 주어 땅을 팔 때까지 인내심을 가지고 미소를 보내며 기다려 줄 줄 알아야 한다.

그러므로 우리는 혹시 아무런 생각 없이 지금 이 순간 아이들을 대하는 행동이나 태도가 슬픈 다람쥐와 두더지를 양산해 내는 교사가 아닌지 되돌아보아야 한다. 내가 깨어 있는 교사인지 자신의 모습을 잘 들여다보아야 한다.

교사! 그 아름다운 이름

## 48

# 새로운 교육의
# 물꼬

흔히들 교육은 '백년대계'라고 한다. 그만큼 교육이 중요하다는 것을 의미한다. 우리나라에서는 1978년에 빈민 탁아운동을 해 온 대학생 집단이 중심이 되어 결성된 '해송어린이걱정모임'이 기반이 되어 1980년 '해송 유아원'이 설립되었고, 1984년에 설립한 '창신동 해송 아기둥지'는 현재 '해송 지역아동센터'로 지속되고 있다. 이러한 공동육아가 우리나라에 본격적으로 알려지기 시작한 것은 해송모임이 1994년 '함께 크는 우리 아이'란 책을 내면서 우리 사회에 '공동육아' 방안을 제안한 것이 계기가 되었다.

공동육아를 하는 곳은 두 가지로 분류할 수 있다. 공동육아협동조합은 공동육아의 철학을 가지고 부모들이 출자를 하여 결성한 협동조합을 말한다. 따라서 공동육아협동조합어린이집은 공동육아협동조합이 설립 · 운영하는 어린이집으로 부모가 협동하여 설립하는 형태만을 의미하는 것이 아니라 공동육아의 철학과 교육내용을 지향하는 어린이집을 말한다.

반면, 부모협동어린이집이란 보호자 또는 보호자와 보육교직원

교육! 그 두려운 이름

이 조합영리를 목적으로 하지 아니하는 조합에 한정한다을 결성하여 설치 · 운영하는 어린이집으로 상시 영유아 11명 이상을 보육하는 어린이집을 말한다. 2005년 공동육아협동조합어린이집이 부모협동어린이집으로 법제화되어 현재 공동육아협동조합어린이집은 부모협동어린이집으로 전환한 곳과 전환하지 않은 곳이 있다.

공동육아는 아이를 마음 놓고 맡길 만한 곳이 없다는 육아에 대한 고민으로부터 시작되었다. 부모를 만족시켜 주지 못하는 교육, 빗나간 교육에 대한 열정, 과정보다 결과가 중요한 교육, 입시열풍에 휩싸여 오로지 대학을 목표로 질주하는 잘못된 교육에 대해 아이의 행복과 교육의 진정한 의미를 고민하던 많은 부모들이 움직이기 시작한 것이다. 이는 기존 교육에 대한 미비점과 반성 그리고 수직적인 관계가 아닌 수평적인 관계에서 아이들을 자연친화적으로 키우고자 하는 교육의 새로운 물꼬를 트는 움직임이었다. 이러한 움직임은 기존 교육에 대한 새로운 대안이었고, 이로 인해 '대안교육'이라는 용어가 등장하게 되었으며 현재 대안 초등학교를 비롯하여 중 · 고등학교까지 운영되고 있다.

우리 아이도 대안학교를 졸업하고 검정고시로 대학에 진학하였다. 그 과정에서 삶과 자연이 함께 공존해야 하는 것을 인식하게 되었고, 매일매일 축제 같은 학교생활을 하며 아이는 행복해했다. 교육은 과정이 즐겁고 행복해야 하며, 배움이 현장에서 실천되어야 한다는 것을 대안교육 속에서 배웠다.

　새로운 교육의 물꼬는 진정한 교육이 무엇인지에 대한 화두를 던져 주고 있다. 모든 교사가 교육에 대해 진정으로 고민하고 반성해야 함을 촉구하고 있다. 우리가 참다운 교육을 했더라면 새로운 교육의 물꼬를 트는 일은 없었을 것이기 때문이다.

# 49

# 통합과 인권

　통합과 관련된 문제는 특수교육계에서 항상 뜨거운 감자였다. 반대하는 쪽도 나름대로 이유가 있겠지만 통합을 해야 하는 가장 근본적인 문제는 인권과 관련되어 있다. 인간이기에 태어나면서부터 천부적으로 누구나 가지고 있는 인권이 장애를 가진 경우에는 보장되지 않는 경우가 다반사이다.

　통합은 자연스럽게 공존을 의미한다. 특히 어려서부터의 통합은 장애를 장애로 보지 않고 자연스럽게 장애를 받아들이게 된다. 따라서 성장한 후 사회에서도 서로 공존하면서 함께 손잡고 나아갈 수 있는 기반을 마련해 준다. 그러므로 통합은 장애아동이면 당연히 누려야 할 기본권리라고 할 수 있다.

　그럼에도 불구하고 실제 장애가 없는 경우 집 가까이에 있는 학교를 골라서 갈 수 있는 상황이지만 장애를 가진 경우에는 예외 상황이 발생한다. 원하는 학교에 마음대로 입학할 수도 없고, 가까운 거리에 다닐 수 있는 통합어린이집이나 유치원, 장애전담 어린이집이 전무한 경우가 많다. 이러한 상황 때문에 현실적으로 장애아이

교사! 그 아름다운 이름

들이 통합교육을 받는 것은 녹록치 않다. 운(?) 좋게 통합교육기관에 입학한다 할지라도 때로는 방치되는 경우가 종종 발생한다. 그래서 아이에게 가장 적절한 교육이 통합교육이라고 믿고 있는 부모들조차 부모의 욕심이 아이를 더 힘들게 하는 것은 아닌지 고민하고 또 고민한다.

현행 「장애인 등에 대한 특수교육법」에는 통합교육에 대한 이념과 정의를 명시하고 있다. 동법 제1조에는 '통합된 교육환경을 제공'하는 것을 최우선 목적으로 한다고 규정되어 있다. 또한 동법 제21조에 '각급 학교의 장은 교육에 관한 각종 시책을 시행함에 있어서 통합교육의 이념을 실현하기 위해 노력'해야 한다고 명시되어 있다. 그러나 이러한 법률이 현장에서는 별 의미가 없다.

아직도 우리사회에서는 통합으로 가는 길이 요원하기만 하다. 여러 가지 상황으로 통합교육이나 보육을 보장받기에는 미비한 점과 걸림돌이 너무 많다. 이런 측면에서 장애아이들의 기본적인 인권이 침해당하고 있다고 볼 수 있다. 특히 함께하는 또래들이나 교사들에게 완전한 학급의 일원으로 수용되는 사회적 통합이 이루어지기 위해서 넘어야 할 난관이 곳곳에 자리 잡고 있다.

통합을 반대하는 가장 큰 이유는 대부분 학습을 방해한다는 것이다. 그렇다면 논리적으로 모든 아이들을 순서대로 줄 세우기 해야

교육! 그 두려운 이름

정상적이다. 즉, 서울대 갈 정도의 수준이 되는 아이들은 그 아이들끼리 모아 교육해야 한다. 모든 학생들을 섞어 놓으면 수준이 낮은 학생들 때문에 수업진도에 방해를 받는다. 그러면 이렇게 방해하는 것은 학습을 방해하는 것이 아닌가? 우리가 깊이 생각해 보고 반성해야 할 일이다. 결국 잘난 놈만 살아남는 약육강식의 사회와 무슨 차이가 있겠는가? 장애는 예약된 것이 아니다. 누구나 언제 어디서든지 장애가 될 수 있는 가능성은 배제할 수 없다. 그럼에도 불구하고 우리는 한치 앞도 못보고 살아간다.

통합교육이나 보육은 장애아이들의 당연한 권리로 인정되고 존중받아야 한다. 따라서 통합교육이나 보육에 대한 교사들의 인식이 무엇보다 중요하다. 왜냐하면 통합교육의 성공 여부는 교사의 태도에 따라 성패가 갈리는 경우가 허다하기 때문이다. 교사가 장애 아이를 어떻게 대하느냐에 따라 아이들의 행동과 태도도 결정되기 때문이다.

생명은 아무리 하찮은 풀 한 포기라 할지라도 소중하다. 아이들도 어떠한 모습이든 소중하지 않은 아이는 세상에 단 한 명도 없다. 생명이 있다는 것만으로도 이 세상에 하찮은 것은 아무것도 없다. 그러므로 교사들은 아이들에게 함께 손잡고 가는 방법을 몸소 실천하고 보여 주어야 한다. 어려서부터 아이들에게 생명의 소중함과 인권이 지켜져야 아름다운 공동체가 됨을 일깨워 주어야 한다.

## 50

# 단동십훈(檀童十訓)과 전통 육아법

단동십훈檀童+訓은 단군왕검 때부터 전해 내려오는 것으로 출처는 불확실한 채 구전되어 왔다. 그러나 한 가지 분명한 것은 서양의 아동존중 사상보다 우리나라에서 먼저 인간에 대한 존엄성과 아동을 존중하는 교육사상이 존재하고 있었다는 사실이다. 아이들에게 십훈+訓을 통해 자신에 대한 존중과 자립, 긍정적인 사고방식을 전달하려고 했던 것이다.

단동십훈檀童+訓은 불아불아弗亞弗亞, 시상시상詩想詩想, 도리도리道理道理, 지암지암持闇持闇, 곤지곤지坤地坤地, 섬마섬마西摩西摩, 업비업비業非業非, 아함아함亞合亞合, 작작궁작작궁作作弓作作弓, 지나아비 활활의支娜阿備活活議이다.

첫 번째, 불아불아弗亞弗亞는 '불弗'이란 기운이 하늘에서 땅으로 내려오는 것이고, '아亞'란 땅에서 하늘로 올라가는 형상을 의미하는 것으로 아이의 허리를 잡고 좌우로 흔들면서 자기에 대한 자긍심, 즉 자기 존재에 대한 존중을 일깨워 주려고 했다.

교육! 그 두려운 이름

두 번째, 시상시상侍想侍想은 아이를 앉혀 놓고 몸을 앞뒤로 끄덕끄덕하게 하는 동작으로 사람의 형상은 하늘과 조상으로 받은 것이니 이에 순종하여 어른을 공경하라는 것과 자신의 몸을 귀하게 여겨야 함을 깨닫게 하려고 했다.

셋째, 도리도리道理道理는 머리를 좌우로 흔드는 동작으로 이리저리 여러모로 생각해 하늘의 이치와 천지 만물의 도리를 깨치라는 것이다. 이는 천지 만물이 하늘의 도리로 생겨났으니 아이에게도 자연의 섭리, 즉 도리에 맞게 살라는 것을 일깨워 주려고 했다.

넷째, 곤지곤지坤地坤地는 오른쪽 집게손가락으로 왼쪽 손바닥을 찍는 시늉을 하는 것으로 땅의 이치를 깨달아 음양의 조화를 이루며 살라는 의미를 담고 있다.

다섯째, 지암지암持闇持闇은 흔히 '잼잼'이라고도 한다. 두 손을 앞으로 내밀어 손가락을 쥐었다 폈다 하는 동작을 하는 것으로 "쥘 줄 알았으면 놓을 줄도 알라"는 것을 깨닫게 해주려는 것이었다.

여섯째, 섬마섬마서마서마, 西摩西摩는 아이를 손바닥 위에 올려 세우고 몸을 잡아 걸음마를 유도하는 동작으로 남에게 의존하지 말고, 스스로 일어서 굳건히 살라는 것으로 자립을 배워 주려고 했다.

일곱째, 어비어비업비업비, 業非業非는 아이가 해서는 안 될 것을 이를 때 하는 말로, 자연의 이치와 섭리에 맞지 않으면 벌을 받게 된다는 것을 깨닫게 하려는 것이다. 그러므로 사람으로서의 도리와 어긋남이 없어야 함을 강조했다.

교사! 그 아름다운 이름

여덟째, 아함아함亞솜亞솜은 손바닥으로 입을 막는 시늉을 하는 것으로, 매사에 입을 조심해야 하는 것을 일깨워 주려고 했다. 즉, 입 조심하라는 의미이다.

아홉째, 짝짜꿍 짝짜꿍작작궁 작작궁, 作作릉 作作릉은 두 손바닥을 마주치며 소리 내는 동작으로 이치를 깨달았으니 손뼉을 치면서 재미있게 춤추자는 뜻이다. 음양의 결합, 천지의 조화 속에 흥을 돋우라는 의미가 담겨 있다.

열째, 지나아비 활활의支娜阿備 活活議는 아이의 팔을 잡고 나비처럼 춤추는 동작으로 건강하게 잘 자라라는 의미와 즐겁게 살라는 것을 일깨워 주려고 했다.


이처럼 오천년을 이어온 우리의 전통적인 육아법은 서구 육아법에 밀려나서 제대로 조명을 받지 못하다가 최근에 와서 전 세계적으로 조명을 받고 있다. 선조들의 지혜 속에 이어져 온 포대기가 애착 형성에 중요한 역할을 한 것이 과학적으로 증명되면서, 서구에서 비과학적이라고 외면했던 우리의 전통 육아법에 대한 관심이 집중되었던 것이다.

포대기로 아기를 업고 일하던 엄마의 등 뒤에서 엄마의 눈높이만큼 많은 사물을 관찰하며, 따뜻한 엄마의 등에서 스르르 잠들었던 아이들. 이를 통해 우리는 과학적으로 배우지 않아도 저절로 엄마와 아이 사이에 정서적으로 긴밀한 친밀감이 증대되었을 것이다. 이와 함께 구전되어 온 '단동십훈'을 익히면서 우리는 신체 및 두뇌발달과 더불어 긍정적인 정서를 함양했을 것이다.

　　나도 어릴 때 포대기에 업혀 엄마 등 뒤에서 잠들었던 그 따사함을 어렴풋이 기억한다. 포대기를 벗어나면 두 발로 마당을 밟았고, 이 마당을 거쳐 우리는 마을로 나왔다.

　　그런데 이제는 '단동십훈'도, 포대기도, 마당도, 마을도 서서히 잊혀져 가고 있다. 하나의 보이지 않는 유산처럼 조상의 조상으로부터 면면히 이어져 왔던 우리의 가장 과학적인 전통육아법이 사라지고 있다. 그러므로 특히 보육현장에서 영아를 보육하는 교사들이 우리의 유산인 전통육아법을 퍼트리는 전도사가 되어 이를 이어 갔으면 하는 바람을 가져 본다.

# 51

# 영아기의
# 중요성

　영아기는 우리 인생의 안녕을 결정짓는 중요한 시기이다. 영아기는 유아기보다 한 아이가 살아가는 삶에 훨씬 많은 영향을 미침에도 불구하고 그동안 유아기에 비해 영아기의 중요성은 크게 주목받지 못했다. 그러다 보니 교사교육도 유아기와 관련된 부분이 많이 차지하였다.

　그러나 현재는 양상이 달라졌다. 영아기의 중요성에 대한 인식이 자리 잡고, 영아와 관련된 교육이 주목을 받기 시작하였다. 영아기는 사람에 대한 신뢰성이라든지 자신에 대한 통제를 배우기 시작한다. 그리고 이 배움은 한 사람의 일생에 지속적으로 영향을 미친다. 예를 들면, 이 시기에 양육자꼭 어머니가 아니더라도 자신을 키워 준 사람와 신뢰의 관계를 형성한 사람은 평생 동안 사람을 신뢰하게 된다.

　나는 영아에 대한 교육 시 교사들을 대상으로 가끔씩 무조건 사람을 믿는 교사와 돌다리도 두드려 보고 건너야 하듯 몇 번 만나 그 사람에 대해서 어느 정도 알고 난 후 믿는 교사들을 각각 손을 들게 하여 확인해 본다. 그런데 특이한 것은 사람을 무조건 믿는 교사들에게 왜 그렇게 사람을 믿는지 물어보면 "그냥 믿게 돼요."라고만 할 뿐 뚜렷하게 이유를 대답하지 못한다. 이들은 흔히 말하는 뒤통수를 아주 크게 맞기 전까지는 사람에 대한 믿음이 죽을 때까지 변하지 않는다. 즉, 속고 또 속아도 사람을 믿게 된다. 이는 이미 영아기에 양육자를 통해 신뢰가 습득된 것이기 때문에 자신도 왜 사람을 무작정 믿는지 잘 알 수 없으며 그래서 정확한 이유를 대답하지 못하는 것이다.

통제에 대한 부분도 마찬가지이다. 본인이 어떤 계획을 세워 놓고 그 계획대로 잘 움직이는 사람이 있는 반면, 분위기에 휩쓸려 움직이는 사람도 있다. 이는 이미 영아기에 자아통제에 대한 부분을 습득했기에 자신도 모르게 그 영향을 받고 있는 것이다. 이러한 자아통제는 영아기 때부터 적절하게 지시에 순응하고, 자기의 욕구를 조절예: 장난감을 갖고 싶다고 친구 것을 빼앗는 행동을 하면 안 된다는 것해야 하는 것을 주변 사람들을 통해서 배운다.

영아기 때 습득된 자기통제 및 조절능력은 추후 학습에 영향을 미칠 뿐만 아니라 유아기 이후의 사회정서발달을 예측할 수 있게 한다. 그리고 자신의 정서나 사고, 행동을 조절하며 자율적으로 사회의 규범이나 규칙을 지킬 수 있는 중요한 기반이 된다. 그러므로 영아기의 자기조절, 즉 자기통제 능력은 한 아이의 인생에 지속적으로

교사! 그 아름다운 이름

영향을 미친다.

이처럼 인생에서 가장 중요한 시기인 영아기의 아이를 보호하고 교육한다는 것에 대해 교사들은 좀 더 특별한 책무의식을 가져야 한다. 이러한 인식이 없다면 영아를 담당하는 교사가 되면 안 된다.

자신이 어쩌면 평생 아이들의 행복과 안녕安寧에 큰 영향을 미칠 수 있다는 사실을 한순간이라도 잊어서는 안 된다. 교사는 아이들의 영혼을 키우고 있기 때문에 아이의 정신적인 어머니일 수도 있다. 그러므로 본인이 영아를 잘 케어할 수 있는 자신이 없으면, 영아에 대한 책무의식이 없으면 영아교사를 지원하는 것은 지양해야 한다.

교육! 그 두려운 이름

## 52

# 문제행동에 대한
# 시각

문제행동은 일반적으로 바람직하지 않은 행동이 반복적으로 지속되는 것을 말한다. 그러나 행동은 어떻게 보느냐에 따라 문제행동이 될 수도 있고 안 될 수도 있다. 하얀 토끼 그림을 하얀 벽지에 붙여 놓으면 잘 보이지 않지만 검은 벽지에 붙여 놓으면 눈에 확 들어온다. 이렇게 문제행동은 바라보는 시각에 따라서 달라진다.

아이들의 문제행동은 매우 다양하다. 다른 아이를 할퀴거나 꼬집거나 때리는 행동을 비롯하여 산만한 행동, 부주의, 고집부리기, 소리 지르기, 불순종, 사사건건 다른 친구를 방해하거나 친구가 가진 놀잇감을 빼앗기도 한다. 어떤 경우에는 한 아이가 종합 선물세트같이 한꺼번에 여러 문제를 다 가지고 있는 경우도 있다. 이러한 문제행동 때문에 교사와 부모, 부모와 부모끼리 갈등이 발생하기도 한다. 예를 들어, 같은 또래들을 돌아가면서 지속적으로 무는 아이 때문에 물린 아이들의 부모와 문 아이의 부모는 교사가 아이들을 잘 돌보지 못했다고 탓하고, 이 과정에서 교사와 부모 사이에 신뢰가 깨지고 갈등이 생긴다. 그리고 상황이 거듭되자 물린 아이의 부모와 무는 아이의 부모 사이에도 갈등이 생겨 결국에는 무는 아이가 기관을 그만두는 상황이 벌어지기도 한다.

문제행동은 갈등을 유발할 뿐만 아니라 아이의 전인적인 발달에도 부정적인 영향을 미칠 우려가 있어 유아교육기관에서는 문제행동 때문에 교사들이 많은 고민을 한다. 따라서 문제행동을 어떻게 통제하고 바람직한 행동을 형성시킬 수 있느냐는 교사라면 누구나 풀어야 할 어려운 숙제와 같다. 왜냐하면 영유아기의 문제행동은 수정되지 않으면 성장함에 따라 더 큰 문제를 유발할 수도 있기 때문이다. 그러므로 문제행동을 규정하기 위해서는 교사의 정확한 기준이 필요하다. 일반적으로 정상적인 발달규준이나 평균에서 벗어나면 문제행동이라고 판단한다.

그러나 하나의 행동을 두고 문제행동인지 아닌지 혼동이 되는 경우도 많다고 한다. 어느 날 승급교육을 받으러 온 한 교사가 상담을 요청했다. 자기 반의 한 아이가 미술시간에 물감으로 색칠을 하는데 자기 머리카락에도 물감을 칠하더란다. 그리고 이 아이는 가끔 점심시간에 음식을 가지고 손으로 만지며 주물러 본다고 한다. 그리고 수업시간을 무척 지루해한다고 한다.

그런데 이러한 행동이 문제행동인지 아닌지 잘 모르겠다고 질문을 하였다. 이런 경우 어떻게 보느냐에 따라 문제행동이 될 수도 있지만 나는 호기심 많고 창의적인 아이라는 생각에 문제행동이 아니라고 본다고 했다.

　교사는 사실 조금 혼동되기는 했지만 문제행동이라고 보고 있었고, 창의적인 아이일 거라는 생각은 단 한 번도 해 본 적이 없었단다. 그런데 내 말을 듣고 가만히 생각해 보니 이 아이가 특히 자연을 접하는 야외수업에 나가면 얼굴표정부터 달라지고, 호기심 어린 눈빛으로 사물을 유심히 관찰하는 진지한 모습을 보여 주어 교실에서의 행동과 완전히 달랐단다.

　이렇게 문제행동을 보는 시각이 다르기 때문에 문제행동을 지도하기 전에 교사가 문제행동에 대해 어떻게 볼 것인지를 먼저 고민해 보아야 한다. 교사가 문제행동이라고 판단이 되면 문제행동에 대한 원인을 파악하여 지도 계획을 수립하고 실행해 나가야 한다. 이 과정에서 교사는 질책이나 방치, 혹은 혼을 내면서 일시적으로 억제시키는 경우가 허다하다. 날마다 반복되는 문제 행동에 이와 같은 방법은 도움이 되지 않으며, 근본적으로 문제행동을 해결할 수도 없다. 이런 경우 일반적으로 문제행동을 지속시키거나 오히려 가중시키기도 한다.

　문제행동을 적절하게 수정하기 위해서는 영유아 및 문제행동에 대한 올바른 이해와 더불어 수용과 허용을 통한 공감이 우선적으로 선행되어야 한다. 더불어 영유아의 발달상태, 개별적인 특성, 환경, 주변상황 등을 종합적으로 고려하여 적절하게 지도하여야 한다.

나는 문제행동을 지도하기 전에 가끔 김인중 목사의 『안산 동산 고 이야기』에 실려 있는 '관점의 차이'를 기억하면서 '학생' 대신 '아 이'라는 단어로 바꾸어 읊조려 본다.

내성적인 아이는
생각을 진지하게 해서 좋습니다.
사교성이 적은 학생은
정직하고 과장되지 않아 좋습니다.
소심한 아이는
실수가 적고 정확해서 좋습니다.
질투심이 많은 아이는
의욕이 넘쳐서 좋습니다.
말이 많은 아이는
지루하지 않아 좋습니다.
자신감이 없는 아이는
겸손해서 좋습니다.
직선적인 아이는
속정이 깊어 좋습니다.

교육! 그 두려운 이름

## 53

# 곰팡이 같은
# 이기심

이기심이란 자기의 이익만을 꾀하거나 생각하는 마음이다. 이러한 이기심은 곰팡이와 같아서 한번 생겨나기 시작하면 여기 저기 끝없이 번식한다. 요즘은 자식을 한두 명만 낳기 때문에 아이들이 자기 최우선이며 자기만 안다고 교사들은 한숨을 쉰다.

현장에서 보면 다른 아이들의 배려하지 않고 자기가 원하는 것을 마음대로 하려고 하는 아이들이 점점 증가하고 있다고 선생님들은 하소연한다. 자기만 선생님 옆에 앉으려고 하고 다른 친구들은 선생님 옆에 못 앉게 방해한다. 놀잇감을 독차지하려고 하고, 무엇이든지 자기가 먼저 하려고 하며, 심지어 자기가 마음에 들면 친구가 가지고 놀고 있는 장난감도 빼앗는다. 이로 인해 아이들끼리 갈등도 생긴다.

그런데 선생님이 이런 상황을 어머니에게 말하면 요즘 어머니들은 그냥 우리 애가 욕심이 좀 많은 아이라고 치부하고 별로 대수롭지 않게 말해 오히려 교사를 머쓱하게 만든다고 한다.

한 심리학자는 실험을 통해서 인간의 이기심과 이타심이 생후 6개월 즈음 이미 형성된다고 하였다. 이기심은 부모나 교사가 아이

교사! 그 아름다운 이름

에게 사랑을 충분히 주지 않았거나, 원하는 것을 다 해 주면 이 영양분을 먹고 쑥쑥 자란다. 이기심은 욕심이 낳은 자식이다. 더 가지고 싶고, 더 좋은 것을 가지려고 하며, 자기만 알게 한다. 자기 중심으로 움직이고 나만의 이득을 챙기기 때문에 사회를 팍팍하게 만들고, 남을 배려할 줄 모르게 한다. 이기심 때문에 부모와 자식, 형제와 형제, 친구와 친구 사이가 단절된다. 모든 것을 내 탓이 아니라 남의 탓으로 돌리고 원망한다.

흔히들 요즘 아이들은 배려심이 없고 이기적이라고 말한다. 그러나 이는 우리가 서로 배려하지 않았고 이기적이었기 때문에 아이들도 그대로 닮아가게 만든 우리의 잘못이다. 왜냐하면 이기심은 학습되는 측면이 강해서 주위의 영향을 많이 받기 때문이다. 그러므로 우리는 부모의 잘못된 양육이나 교사를 통해서 이기적인 아이로 키우고 있지 않은지 점검해 보아야 한다.

아이들에게 "감사합니다." "미안합니다." "고맙습니다."라고 말하는 것을 가르쳐 주자. 이기적인 아이에게 야단치기보다는 나누는 모습을 보여 주고, 아이들과 장난감이나 음식을 나누는 즐거움을 연습시키자. 내가 갖고 싶고, 하고 싶으면 다른 아이도 똑같은 마음이 있다는 걸 알려 주자. 자기를 사랑하면서 남도 사랑할 줄 아는 아이가 될 수 있도록 응원해 주자. 그리하여 '내 손톱 밑의 가시보다 남의 발등에 찍힌 말뚝이 더 아프다.'라는 것을 아는 아이로 키우자. 좋은 글에 나오는 '어느 빵 장수 이야기'처럼 자신이 이기심으로 부당하게 이익을 남기면 그것이 부메랑이 되어 나에게로 돌아온다는 것을 알게 해 주자.

## 어느 빵 장수 이야기

옛날 영국에 한 빵 장수가 살고 있었다.

그는 빵을 만들어 마을 사람들에게 공급하고 있었는데,

그에게는 매일 아침 버터를 만들어 공급해 주는 가난한 농부가 있었다.

그런데 하루는 납품되는 버터를 보니까 정량보다 조금 모자라 보였다.

그래서 며칠을 두고 납품된 버터를 저울로 일일이 달아 보았는데

예측한 대로 정량에 미달되었다.

화가 난 이 빵 장수는 버터를 납품하는 농부에게

변상할 것을 요구하며 법정에 고발하였다.

이 재판을 맡은 재판관은 체포된 농부의 진술을 듣고 놀랐다.

버터를 공급했던 가난한 농부의 집에는 저울이 없었다.

그래서 버터를 만들어 자기의 물건을

공급받는 빵 장수가 만들어 놓은 1파운드짜리 빵의 무게에 맞추어서

버터를 자르고 포장해 납품했다는 것이다.

문제는 그 빵 장수가 이익을 더 남기기 위해서

자신의 1파운드짜리 빵의 규격을 조금 줄이고 양을 속였던 것이다.

그것을 모르는 농부는 줄여서 만들어진 빵에 맞추어서

버터를 만들었고 결국 이런 일이 생긴 것이다.

## 54

# 자존감 있는
# 아이로 키우려면

　존 허셀은 '자존이야말로 모든 미덕의 초석이다'라고 말했다. '자존감Self-esteem'은 미국의 의사이자 철학자인 윌리엄 제임스가 1890년 대에 처음 사용한 용어로 '자기의 존재에 대한 믿음과 존중을 가지고, 자기 스스로 자신에 대해 가치 있는 존재로 인정하며, 수용하는 감정'이라고 할 수 있다. 자존감은 흔히 '자긍심' '자부심' 혹은 '자존심'과도 통용되어 사용되고 있다.

　그러나 엄밀하게 말하면 약간의 차이가 존재하고 있다. 자존감과 자부심 및 자긍심은 스스로 자신을 확신하고 사랑하며 존중하는 자신에 대한 긍정을 의미한다. 반면 자존심은 자신의 존재에 대해 긍정적이긴 하나 타인이 나를 바라보는 것에 영향을 받을 수 있는 측면을 가지고 있기 때문에 상황에 따라 변화되기도 한다. 그러므로 자존감, 자긍심, 자존심은 자기에 대한 긍정이라는 측면에서의 공통성을 가지고 있지만 자존심은 이기적인 이미지를 가지고 있기 때문에 구별하여 사용되기도 한다.

자존감이 강한 사람은 대체적으로 자신에 대한 믿음이 있기 때문에 자신을 사랑하고 소중히 여기며 주변의 비판이나 상황에 대해 뚜렷한 주관을 가지고 있어 예기치 않은 상황에서도 잘 대처하고 다른 사람들과 긍정적인 관계를 유지한다. 하지만 정도를 벗어난 자존감이나 자긍심은 문제를 일으킨다. 즉, 지나친 자존감은 자칫 교만하거나 오만하여 자만심으로 인해 남을 배려하지 못하고 우월감을 가지게 된다.

반면 자존심이 약하거나 없는 사람은 자신감이 부족하기 때문에 자신을 스스로 낮게 평가하고 남의 시선을 의식하기 때문에 열등감도 심하며, 대인관계에서도 문제를 유발시킬 가능성이 많다. 그리고 자신의 약점에 초점을 맞추기 때문에 칭찬이나 긍정적인 반응도 제대로 받아들이지 못하기도 한다. 또한 다른 사람들이 자신을 바라보는 기준으로 행동을 결정하기도 한다.

이러한 자존심은 주변 환경에 의해 형성되므로 균형 잡힌 자존감을 가질 수 있도록 성장과정에서 주변사람들의 역할이 중요하다. 특히 많은 시간을 함께 보내는 부모와 교사의 역할이 중요하다. 이들로부터 긍정적인 메시지를 전달받게 되면 자신을 소중하게 여기고 자신의 가치를 인정하는 한편 자신의 약점도 잘 파악하고 있는 건강한 자존감을 갖게 된다. 반면 부정적인 피드백이 지속될 경우 자존감의 결핍을 초래하게 되어 매사에 소극적이 될 수 있다.

어릴 때 형성된 자존감은 삶의 만족도나 대인관계에 많은 영향을 미칠 수 있다. 그러므로 비록 자존감이 낮다 할지라도 자존감은 타인의 평가나 자신의 노력에 의해 바뀌기도 하므로 이를 높일 수 있는 방안을 강구해야 한다. 이를 위해서는 다음과 같은 조건이 선행되어야 한다.

첫째, 자신에 대해 스스로 긍정적으로 생각할 수 있도록 주변 사람들의 역할과 더불어 자신의 의지가 중요하다. 어려운 상황이 도래하더라도 스스로 긍정적인 생각과 자신감을 가지고 자신의 강점에 초점을 맞추어야 한다. 그리고 실패하더라도 과정에 최선을 다했다면 주변에서도 긍정적인 피드백과 더불어 격려해 주어 자신을 비관하거나 실수에 대해 예민하게 반응하지 않도록 지도해야 한다.

둘째, 내적통제소를 가질 수 있도록 해야 한다. 즉, 스스로 상황을 통제할 수 있다고 인식할 수 있도록 해 주어야 한다. 자신이 잘한 부분은 어떤 운이나 요행 때문이 아니라 스스로의 능력이나 노력으로 이루어졌다고 생각할 수 있도록 도와주어야 하며 자신을 과소평가하지 않도록 해 주어야 한다. 그러므로 부모와 교사들은 아동의 성장 과정에서 스스로를 격려하고 칭찬할 수 있도록 배려해 주어야 한다.

부모와 교사가 아이에게 높은 자존감을 형성할 수 있도록 도와주기 위해서는 먼저 부모와 교사의 자존감이 높아야 한다. 그리고 이를 모델링으로 아이들이 긍정적인 에너지를 받아 자신의 존재를 가치 있게 인식할 수 있도록 지도해야 한다.

## 55

# 조망수용능력과
# 배려

　'조망수용능력perspective taking ability'이란 자신과 타인이 다름을 인지하
고 상대방의 입장에서 사고 및 마음, 감정, 느낌, 상황, 행동 등을 이
해하는 능력을 말한다. 그리고 '배려'는 상대방의 마음을 헤아려 보
살펴 주고 도와주는 것, 즉 행동으로 실행되어야 하는 것이다. 조망
수용능력은 공감 능력 및 타인의 의도를 추론할 수 있는 능력 등의
발달에 매우 중요한 영향을 미치기 때문에 많은 학자들에 의해 다양
한 연구가 이루어졌다.

　피아제Piaget는 전조작기2~7세의 영유아들은 자기중심성egocentrism이
라는 특성을 가지고 있기 때문에 조망수용능력 발달이 미숙하다고
주장했다. 즉, 조망수용능력은 7세 이후부터 발달하는 것으로 보았
다. 그러나 플라벨Flavell은 '개와 고양이 실험The Cat-Dog Experiment'을 통해
전조작기 아동들도 조망수용능력이 있다고 주장하였다.

　2000년 이후의 연구들에서는 영아들도 조망수용능력이 있음이
밝혀지고 있다. 몰Moll과 토마셀로Tomasello는 두 개의 장난감을 제시한
실험에서 생후 24개월의 아동도 조망수용능력이 있다고 하였다. 그

교사! 그 아름다운 이름

리고 루오Luo와 바이아쟌Baillargeon도 '불투명 스크린 실험'을 통해 생후 12.5개월 영아들도 다른 사람의 입장을 이해한다고 밝혔다. 이러한 연구 결과들은 조망수용능력이 생애 초기부터 나타난다는 것을 증명해 주고 있다.

　'조망수용능력'은 발달단계에 있어 매우 중요하다. 특히 감정 혹은 정서에 대한 조망수용능력은 타인의 생각이나 느낌을 정서적으로 같이 느끼는 것으로 18개월 정도부터 가능한 것으로 밝혀졌다. 이런 능력이 제대로 발달되지 못하면, 배려심이 없는 이기적인 아이로 성장하며 성인이 되어서도 다른 사람의 입장을 이해하지 못한다. 그러므로 국가에서도 교육을 통해 이러한 능력을 키워주기 위해 노력하고 있다.

　'3~5세 연령별 누리과정'의 사회관계 세부내용에서 '나와 다른 사람의 감정 알기' 부분을 보면 자신에게 여러 가지 감정이 있음을 안다3세, 자신의 감정을 알고 표현한다4~5세, 다른 사람의 감정에 관심을 갖는다3세, 다른 사람의 감정을 안다4세, 다른 사람의 감정을 알고 공감한다5세를 제시하며 '입장 바꿔 생각하기' 교육을 시키고 있는 것이다.

　'배려'는 타인에 대한 이해와 존중으로부터 출발하며, 다른 사람의 감정 및 생각, 상황, 행동, 관점을 이해하는 감정 조망수용능력과 감정이입, 공감 등을 기초로 함양된다. 이 능력은 삶을 영위하는 동안 모든 인간관계의 기반이 된다. 그러므로 영아기 교사의 역할은 더욱 중요해진다. 내가 남을 이해하고, 이해받는 세상으로 만들려면 영아기부터 조망수용능력을 키워주기 위한 노력을 기울여야 한다. 가장 손쉬운 방법 중에 하나가 동화 읽기를 통해 주인공에게 감정이입을 시켜 보고 타인의 관점에서 생각하는 능력을 키워 주면 된다.

그러나 '배려'는 단순히 교육만으로 배양하기 힘들다. '배려심'을 키워 주기 위해서는 생활 속에서 부모 및 교사가 먼저 모델링을 보여 주어야 한다. 그러기 위해서는 본인의 생활 속에서 자연스럽게 '배려'가 실천되어야 한다. 배려를 받으면서 자란 아이는 다른 사람을 배려하는 아이로 자라게 된다. 작은 배려 하나가 사람의 마음을 움직이고 사회를 따뜻하게 만든다.

오로지 자신만의 관점에서 자신만의 생각에서 타인을 위한다고 행동하는 것은 배려가 아니라 오히려 타인을 불편하게 하는 자기만족일 뿐이다. 그러므로 진정한 배려가 무엇인지를 알려면 타인의 '마음읽기'가 가능해야 한다. 〈따뜻한 하루에서〉에서 읽은 '농부의 배려심'은 우리에게 진정한 배려가 무엇인지를 가르쳐 주고 있다.

## 농부의 배려심

소설 '대지'의 작가 펄 벅이

1960년 우리나라를 처음 방문했을 때의 일입니다.

황혼에 경주 시골길을 지나고 있는데,

한 농부가 소달구지를 끌고 가고 있었습니다.

달구지에는 가벼운 짚단이 조금 실려 있었지만

농부는 자기 지게에 따로 짚단을 지고 있었습니다.

합리적인 서양 사람이라면 당연히 이상하게 볼 광경이었습니다.

힘들게 지게에 짐을 따로 지고 갈 게 아니라

달구지에 짐을 싣고 농부도 타고 가면 편했을 것입니다.

통역을 통해 펄 벅이 물었습니다.

"왜 소달구지에 짐을 싣지 않고 힘들게 갑니까?"

그러자 농부가 대답했습니다.

"에이, 어떻게 그럴 수 있습니까?

저도 일을 했지만, 소도 하루 종일 힘든 일을 했으니

짐을 서로 나누어 져야지요."


펄 벅은 감탄하며 말했습니다.

"나는 저 장면 하나로 한국에서 보고 싶은 걸 다 보았습니다.

농부가 소의 짐을 거들어 주는 모습만으로도

한국의 위대함을 충분히 느꼈습니다."

비록 말 못하는 짐승이라도 존귀하게 여겼던 농부처럼

우리는 본디 배려를 잘하는 민족이었습니다.

그런데 요즘은 어떤가요?


'나만 아니면 된다'는 식의 이기적인 사고로 꽉 차 있지는 않은가요?

펄 벅이 만난 시골 농부의 이야기는 배려를 잃어버린

지금 우리에게 강한 울림을 줍니다.

## 56

# 잘못된 칭찬은
# 아이를 병들게 한다

국어사전에 칭찬은 '좋은 점이나 착하고 훌륭한 일을 높이 평가함. 또는 그런 말'이라고 명시되어 있다. 한국에서도 오래전에 칭찬의 열풍이 불었다. 켄 블랜차드 외 공저자들이 집필한 『칭찬은 고래도 춤추게 한다』라는 책이 출판되어 수천 권이 팔렸다. 긍정적 관계의 중요성과 칭찬의 진정한 의미를 통해 칭찬하는 법을 소개한 책이다.

줄거리를 간단하게 요약하면 회사와 가정에서 인간관계로 문제를 겪고 있던 주인공이 플로리다 출장길에 씨월드 해양관에서 범고래 쇼를 관람하게 되었다. 고래들이 조련사의 지시에 따라 멋진 쇼를 보여 주었고, 주인공은 고래들이 어떻게 저런 멋진 쇼를 할 수 있는지 궁금하여 조련사를 만나 그 비결을 물어보게 된다.

조련사는 고래가 잘했을 때는 과도하게 칭찬해 줌으로써 고래가 칭찬받을 수 있는 행위를 반복할 수 있도록 관심과 격려를 보냈고, 부정적 행동은 외면하고 재빨리 다른 행동으로 전환할 수 있게끔 유도했다는 것이다. 결국 칭찬이 고래가 멋진 쇼를 보여 줄 수 있는 비결이었다. 즉, 칭찬의 효과이다.

　우리는 누구나 지적이나 비판보다는 칭찬을 좋아한다. 칭찬을 받으면 좀 더 나은 결실을 보여 주고 상대방의 기대나 원하는 바를 이루어 주기 위해 열심히 노력하게 된다. 이를 잘 보여 주는 예화가 바로 '피그말리온 효과Pygmalion effect'이다. 이 용어는 주로 심리학에서 사용하는데 그리스 로마 신화에 나오는 키프로스의 왕이면서 조각가이기도 한 '피그말리온'의 이름에서 유래되었다.

　피그말리온은 상아로 아름다운 여인상을 조각한 후, 갈라테이아Galatea라는 이름을 붙이고 자신이 만든 아름다운 여인상을 진심으로 사랑하게 된다. 이를 알게 된 로마 신화의 비너스인 아프로디테는 피그말리온의 사랑에 감동하여 여인상에게 생명을 불어넣어 주었고 피그말리온은 인간이 된 갈라테이아와 결혼을 했다. 이처럼 '피그말리온 효과'는 타인의 긍정적인 기대나 관심 때문에 능률이 오르거나 결과가 좋아지는 현상을 의미하며, 간절히 원하고 기대하면 이룰 수 있다는 뜻으로도 사용된다.

　우리는 칭찬을 어떻게 하고 있는지 한번 생각해 보아야 한다. 부모나 교사의 상호 신뢰를 바탕으로 한 긍정적 기대와 칭찬은 아이가 잠재능력을 발휘하고 날개를 달고 날 수 있게 만드는 원동력이 된다.
　반면, 잘못된 칭찬은 아이를 병들게 할 수도 있다. 칭찬은 밥과 같다. 매일 먹어야 하지만 적당히 먹지 않으면 비만이 된다. 즉, 칭찬의 역효과이다. 그러므로 혹시 아이를 내가 원하는 방향으로 움직이게 하고자 칭찬을 하고 있는 것은 아닌지 점검해 보아야 한다. 이러한 칭찬은 칭찬이 아니라 아이에게 심리적으로 부담을 주게 되어 오히려 부정적인 영향을 미치게 된다. 기대에 못 미칠까 봐 불안하게 만들며, 전전긍긍하게 만들어 오히려 아이를 위축시키고 거짓말을 하게 되어 눈치를 보게 만든다.

EBS에서 방영된 '칭찬의 역효과'를 보면 이런 장면이 나온다. 교사가 아이들을 도서관에 데리고 가서 책을 다 읽고 가져오면 칭찬 도장을 찍어 주겠다고 한다. 아이들은 도장을 받기 위해서 분주하게 움직이는데 실험이 끝난 후 아이들이 읽은 책을 살펴보니 자기 수준보다 훨씬 낮은 책이 많았다. 이는 아이들이 책을 읽은 것이 아니라 오로지 칭찬 도장을 받기 위해 빨리 읽을 수 있는 책을 골라서 읽었던 것이다.

또 다른 실험 중 하나는 실험자가 아이들에게 단어를 많이 알고 있다고 칭찬한 후 상황을 살펴보니, 아이들이 그 칭찬에 부응하지 못할까 봐 심리적 부담감을 느껴 옆에 놓인 단어카드를 '컨닝'하는 현상이 나타났다. 칭찬의 역효과를 대표적으로 보여 주는 사례이다.

그러므로 잘하도록 하기 위해서 무조건 칭찬을 하는 것은 지양되어야 한다. 적절한 칭찬을 하는 것이 쉽지 않으면 오히려 칭찬을 하지 않는 것이 더 효과적이다. 따라서 바람직한 칭찬을 하기 위해서는 몇 가지 주요 원칙을 반드시 지켜야 한다.

첫째, 긍정적인 행동은 구체적으로 칭찬해야 한다. "잘했네." "정말 예쁘네." "너는 참 착해." "너는 최고야."라고 두루뭉술하게 칭찬하는 것은 무엇 때문에 칭찬하는지 모르기 때문에 비효과적이다. 반면, 예를 들어 "색칠을 아주 잘했네." "책 읽는 모습이 너무 예쁘네." "블록 정리하는 것을 도와줘서 네 덕분에 빨리 끝났네. 고마워." "친구에게 먹을 것을 나누어 주는 것을 보니 참 착하네."라고 잘한 점을 구체적으로 칭찬하면 아이가 무엇 때문에 칭찬을 받았는지 알게 되어 다음에도 바람직한 행동이 지속될 가능성이 높다.

둘째, 결과보다는 노력하는 과정을 칭찬해야 한다. "넌 1등할 거야." "넌 우승할 거야." "넌 무엇이든지 잘하잖아." "또 백점 받았네." "동화책을 참 빨리 읽었네. 아주 잘했어."라는 말은 아이에게 심리적으로 중압감을 준다. 그리고 결과가 나쁘면 비난을 받을까 봐 두려워하게 된다. 그러므로 노력하는 과정을 칭찬해 주어야 한다. 예를 들어, "많이 연습했구나." "그래. 좋은 생각을 해냈구나." "최선을 다했구나." "아주 열심히 하고 있구나." "네가 이걸 완성하느라 노력했구나." "블록을 열심히 쌓고 있구나." "색칠을 꼼꼼하게 하고 있구나."라고 말해 주는 것이 효과적이다.

셋째, 진심으로 칭찬해야 한다. 칭찬이 효과적이라고 해서 무턱대고 칭찬을 많이 하는 것은 의미가 없고 오히려 역효과를 낳을 수 있다. 칭찬이 의례적이라고 느끼기 때문에 칭찬으로서의 의미가 없다. 그러므로 칭찬이 필요한 경우에는 부모나 교사가 마음을 담아서 칭

교사! 그 아름다운 이름

찬해야 한다. 이런 칭찬은 아이의 마음을 움직인다.

넷째, 상황에 맞는 적절한 칭찬을 해야 한다. 칭찬을 하더라도 상황에 맞지 않으면 오히려 아이가 상처를 받을 수도 있다. 친구를 자주 깨무는 아이에게 "오늘은 어떻게 친구를 안 깨물었네. 잘했어."라고 하면 자칫 지난 행동과 연관되어 비꼬거나 비난으로 들릴 수 있다. 그러므로 그때 그 상황만 가지고 칭찬해야 한다. 예를 들어, "친구를 안 깨물었네. 잘했어."라고 칭찬해 주는 것이 효과적이다.

데일 카네기는 "상대로 하여금 자신이 중요한 사람임을 느끼도록 만드는 것이 칭찬이다."라고 말했다. 이 말은 우리가 어떻게 칭찬해야 하는지에 대한 지표가 된다. 아이 행동의 결과만을 가지고 칭찬하거나, 구체적으로 칭찬하지 않지 않고 폭풍 칭찬을 하는 것은 아이들을 과정에 대한 중요성보다는 결과에 집착하게 만든다. 그리고 무엇보다 가장 중요한 것은 내가 아이에게 원하는 바를 얻기 위해서, 내가 바라는 행동을 하게끔 만들기 위해서 칭찬하는 것은 칭찬이 아니라 칭찬의 독임을 잊지 말자.

## 57

# 관점의
# 차이

　우리는 각자의 관점으로 세상을 보고 각자의 관점으로 판단한다. 관점은 그 가족의 문화이기도 하다. 그러므로 시간이 흘러도 가족 고유의 문화는 가족들에게 계승된다. 이로 인해 각각 고유한 관점이 존재하며, 부정과 긍정도 관점의 차이에서 시작된다. 그러므로 관점은 우리가 삶을 영위하는 동안 생활 전반에 다양한 영향을 미친다. 내가 어떤 관점을 가지고 있느냐에 따라 나의 행동과 태도가 달라진다.

　교사의 관점은 특히 중요하다. 교사가 아이들을 어떻게 보느냐에 따라 아이에게 미치는 영향이 지대하기 때문이다. 똑같은 아이를 두고 야단법석을 떠는 말썽꾸러기로 보는 교사가 있는 반면 활발한 아이라고 보는 교사도 있다. 고집이 센 아이를 두고 의지가 강한 아이로 보는 교사도 있다. 예측할 수 없는 아이를 창의적인 아이로 생각하는 교사도 있다. 한 아이를 두고 어떤 관점을 가지고 있는지에 따라 교사가 아이를 지도하는 방법도 달라진다.

교사! 그 아름다운 이름

나는 가끔 식당에서 네 살짜리 남자아이가 마구 돌아다니는데 제지하지 않는 부모를 보면 눈살이 찌푸려진다. 그래서 특강을 하면서 4살짜리 남자아이가 식당에서 마구 돌아다니는 상황을 예로 들어 이 행동을 어떻게 보는지 질문을 하곤 한다. 대답이 크게 두 갈래로 나누어진다. 한쪽은 "식당은 공공장소이기 때문에 예의를 지켜야 하고 부모가 제지를 시켜야 한다."라고 하는 반면 다른 한쪽은 "4살인데 그럴 수도 있죠."라고 말한다. 이렇게 한 가지 상황을 놓고도 우리는 각자의 관점에서 판단을 하게 되는 것이다.

관점의 차이가 중요한 것은 삶의 방식도 다르게 만들기 때문이다. 같은 상황에서도 그 상황을 어떻게 바라보느냐 하는 관점에 따라 전혀 다른 삶을 살 수 있다. 가르치는 일을 놀이처럼 즐겁게 하는 교사가 있는 반면 직업이기 때문에 하는 교사도 있다. 같은 수입을 가지고도 감사하는 사람이 있는 반면 푸념하는 사람도 있다. 다음은 관점의 차이를 잘 보여 주는 예이다.

어느 날 공자가 조카 공멸을 만나 물었습니다.
"네가 벼슬한 뒤로 얻은 것은 무엇이며, 잃은 것은 무엇이냐?"

공멸은 표정이 어두워지더니 대답했습니다.
"얻은 것은 없고 잃은 것만 세 가지 있습니다.
첫째, 나랏일이 많아 공부할 새가 없어 학문이 후퇴했으며,

교육! 그 두려운 이름

둘째, 받는 녹이 너무 적어서 부모님을 제대로 봉양하지 못했습니다.

셋째, 공무에 쫓기다 보니 벗들과의 관계가 멀어졌습니다."

공자는 이번엔 공멸과 같은 벼슬에서 같은 일을 하는

제자 복자천을 만나 같은 질문을 해 보았습니다.

복자천은 미소를 지으며 대답했습니다.

"잃은 것은 하나도 없고, 세 가지를 얻었습니다.

첫째, 글로만 읽었던 것을 이제 실천하게 되어 학문이 더욱 밝게 되었고,

둘째, 받는 녹을 아껴 부모님과 친척을 도왔기에 더욱 친근해졌습니다.

셋째, 공무가 바쁜 중에도 시간을 내어 우정을 나누니 벗들과 더욱 가까워졌

습니다."

관점의 차이로 나는 오빠와 1년 정도 단절을 했다. 조카가 어릴 때 발바닥을 땅에 안 내려 놓을 정도로 산만했다. 식당에 데리고 가면 식탁을 휙휙 넘어 다니곤 했으며, 달려가다가 멈추기가 힘들어 벽에 머리를 꽝 부딪치기 일쑤였다. 성당에서 운영하는 유치원에서 쫓겨나기도 했다.

초등학교에 다니면서는 뾰족한 연필심으로 옆 짝꿍의 팔을 찌르기도 하고, 여자아이들이 고무줄놀이를 하고 있으면 고무줄을 칼로 자르기는 다반사였다. 그리고 올케가 며칠 동안 교사 연수를 가게 되어 막냇동생이 조카를 돌봐 주게 되었는데 몇 년 동안 한 번도 올라

오지 않았던 아랫집 사람이 올라와서 "제발 좀 쿵쾅거리지 말라"며 시끄러워서 못 살겠다고 했단다. 오죽하면 엄마가 교사로 있는 학교에서 다른 선생님에게 손바닥을 맞고 오기도 했겠는가?

나는 이런 조카를 보면서 오빠에게 혹시 모르니 병원에 가서 ADHD주의력결핍 과잉행동장애 검사를 한번 해 보라고 했다. 이 말 때문에 오빠와 1년 동안 단절을 한 것이다. 오빠는 다 그렇게 자라는 거지 그게 뭐가 문제가 되냐고 오히려 아이들을 너무 틀에 가두어서 보니까 그런 것이라고 했다. 그런데 조카가 3학년이 되면서 확 달라졌다. 아주 평범한 아이로 바뀐 것이다. 지금도 조카를 보면 미안한 마음이 든다.

나는 평소에도 내가 어떤 관점을 가지고 있는지를 점검해 보고 가능하면 긍정적인 관점으로 보고자 노력한다. 〈명언과 명사들〉에 실려 있는 '미움의 안경과 사랑의 안경'은 우리에게 어떤 상황에 접했을 때 어떤 안경을 쓰고 바라보아야 하는지를 일깨워 준다.

**미움의 안경과 사랑의 안경**

미움의 안경을 쓰고 보면
똑똑한 사람은 잘난 체하는 사람으로 보이고
착한 사람은 어수룩한 사람으로 보이고

교육! 그 두려운 이름

얌전한 사람은 소극적인 사람으로 보이고

활력 있는 사람은 까부는 사람으로 보이고

잘 웃는 사람은 실없는 사람으로 보이고

예의바른 사람은 얄미운 사람으로 보이고

듬직한 사람은 미련하게 보이나


사랑의 안경을 쓰고 보면

잘난 체하는 사람도 참 똑똑해 보이고

어수룩한 사람도 참 착해 보이고

소극적인 사람도 참 얌전해 보이고

까부는 사람도 참 활기 있어 보이고

실없는 사람도 참 밝아 보이고

얄미운 사람도 참 싹싹해 보이고

미련한 사람도 참 든든하게 보인답니다.

교사! 그 아름다운 이름

## 58

# 무한 긍정의
# 힘

미국의 루스벨트 대통령 영부인 엘리너 여사는 미국의 역대 퍼스트레이디 중에서 가장 '호감이 가는 여성'으로 손꼽히기도 하였는데 그 이유 중 하나는 무한 긍정의 인생관 때문이었다. 그녀는 절망적인 상황에서도 웃음을 잃지 않았으며, 이 미소로 많은 사람의 사랑을 받았다. 그녀는 부정적이거나 비관적인 언어를 사용하지 않았다. 그녀의 여섯 자녀 중에서 한 아이가 사망했을 때도 "아직 내가 사랑할 수 있는 아이가 다섯이나 있다"고 말할 정도로 긍정적인 사람이었다.

나는 EBS에서 방영된 〈다큐프라임〉 퍼펙트베이비 3부 '공감−인간관계의 뿌리'에 나오는 한 장면을 지금도 잊지 않고 있다. 축구를 하고 난 아이들에게 빵 한 개를 준 다음 둘이 나누어 먹으라고 했다. PD가 아이들에게 어떤 기분인지를 물어보자 공평하게 나누어지지 않은 빵을 받은 아이들이 모두 불만을 토로했다. 그러나 그중에서 다른 아이들보다 유독 작은 빵을 받은 아이가 "주는 게 어딘데요."라고 하는 말을 듣고 큰 감동을 받았다. 똑같은 상황에서 저런 말을 할 수 있는 아이는 어떤 교육을 받았을지 궁금하기까지 했다. 무한 긍정의 힘이 저 아이에게 엄청난 자산이 되어 행복한 삶을 살 수 있겠구나 라는 생각에 가슴이 훈훈해졌다.

긍정적인 아이는 삶을 재미있는 놀이처럼 유쾌하게 즐길 줄 아는 사람으로 성장한다. 이를 위해서 다음과 같은 지도방법이 효과적일 수 있다.

첫째, 자존감을 키워 주어야 한다. 교사가 아이를 존중하는 태도와 아울러 아이에게 자신이 소중한 존재라는 것을 느끼도록 지원해 주어야 한다.

둘째, 배려하는 마음을 키워 주어야 한다. 예를 들어, 이야기 나누기 시간을 통해 친구들을 배려하는 동화를 들려준다든지 자유선택 영역의 활동에서 교사가 수시로 관찰하면서 배려가 필요한 순간 모델링을 보여 주는 것도 하나의 방법이 될 수 있다.

셋째, 감사하는 마음을 가지도록 해야 한다. 아주 소소한 것일지라도, 예를 들어 교사가 "네가 ○○를 도와줘서 기뻐."라고 진심으로 감사하는 태도와 아울러 친구들과도 "고마워."라는 말을 자주 사용할 수 있도록 지도한다.

넷째, 긍정적인 말을 사용하도록 격려해야 한다. 이를 위해 교사가 일상생활 속에서 모델링을 보여 주는 것이 효과적이다.

긍정의 힘은 삶을 살아가는 데 정신적인 유산이다. 그러므로 우리는 교사로서 아이들에게 무한 긍정의 마음을 키워 주어야 한다. 긍정은 자신을 행복하게 만들 뿐만 아니라 주변 사람들도 행복하게 만든다. 그래서 긍정적인 사람과 함께 있으면 우리는 마음이 따뜻해진다.

교육! 그 두려운 이름

## 59

# 아이를
# 꿈꾸게 하라

우리는 누구나 한 번쯤 무지개를 쫓아 다니며 꿈을 꾸어 본 적이 있을 것이다. 어릴 적에는 무엇이 되고 싶냐고 물어보면 대부분 왕자, 공주, 경찰관, 대통령, 선생님이 주를 이루었다. 요즘 유아들에게도 물어보면 왕자와 공주, 경찰관, 선생님은 여전히 단골 꿈이지만 엄마, 아빠, 가수, 개그맨이라는 답변도 나온다.

시대가 변함에 따라 유아교육기관에도 아이들의 꿈에 대한 중요성을 인식하여 긍정적인 변화가 시도되고 있다. 아이들이 가진 꿈을 키워 주기 위한 프로그램이라든지, 유아들의 꿈과 끼를 키우는 장들이 다양하게 펼쳐지고 있다. 아이들은 꿈을 먹고 자라기 때문이다.

어쩌면 꿈은 우리가 삶을 일구어 가는 인생 그 자체일 수도 있다. 아이들은 동화책을 보며 왕자와 공주가 되기도 하고, 숲을 보며 산중호걸이 되기도 한다. 꿈은 아이들에게 추운 겨울날 온기를 전해 주는 햇빛이고, 아이들을 성장하게 하는 자양분이다. 그러므로 모든 아이들이 꿈을 꿀 수 있는 세상은 행복한 세상이다. 만약 아이들이 성장하면서 꿈을 꾸지 못하고, 꿈조차도 현실에 맞추어야 한다면 그 아이의 인생 대차대조표는 잃어버린 꿈 때문에 손실로 마무리될 것이다.

우리 사회와 더불어 교사는 아이들이 성장하는 과정에서 행복한 꿈꾸기를 멈추지 않고 꿈을 찾아 도전할 수 있도록 지지해 주어야 한다. 꿈이 바뀌는 것은 성장과정에서 정상적이며 긍정적인 현상이다. 교사는 아이들의 꿈을 키워낼 수 있어야 한다. 스스로 탐색하면서 자기 꿈을 키우도록 이끌어 주면 꿈과 함께 자존감도 성장한다. 아무리 사소한 꿈이라도, 양쪽 어깨에 꿈의 날개를 달아 주어 자유롭게 창공을 나를 수 있도록 격려해 주어야 한다. 칭찬과 격려를 받아 보지 못한 아이는 꿈을 꾸지 못한다.

꿈을 꾼다는 것은 성공이 아닌 어쩌면 행복을 위한 긴 과정의 여정인지도 모른다. 그렇기 때문에 꿈은 과정이 중요하다. 꿈의 목표는 결국 아이들이 자신의 삶에 만족하며 스스로 잘 살아가게 하고 그 과정을 행복하게 만들어 주는 것이다. 이를 위해 인내를 가지고 기다리며 수용 및 격려와 더불어 결과보다는 과정에 대한 찬사의 선물을 안겨 주어야 한다. 이 행복한 여정을 위해 세상의 모든 아이들을 꿈꾸게 하는 교사가 되자.

교육! 그 두려운 이름

# 60

# 차이와
# 차별

'똘레랑스tolerance'는 프랑스어이다. 우리말로 번역하면 '관용' '존중' '나와 다른 것을 인정하는 것' '있는 그대로 수용'한다는 뜻으로 해석될 수 있을 것이다. '똘레랑스'는 16세기 신구교도 사이의 대립 속에서 자신과 다른 종교에 대한 차이 혹은 다름에 대한 다양성을 인정함으로써 출발하였다.

현대는 모든 문화가 아우러지는 다문화 사회로 도래하고 있다. 이러한 변화 속에서 나와 다름을 차별이 아닌 차이로 인식해야 한다는 의식도 점차 팽배하고 있다. 그럼에도 불구하고 우리 사회에는 여전히 차별이 존재한다. 특히 2007년 4월 10일 제정되어 2008년 4월 11일부터 「장애인 차별금지 및 권리구제 등에 관한 법률」이 시행되고 있지만 여전히 장애에 대한 차별의 문턱은 높기만 하다. 현장에서는 장애아동의 통합에 대한 거부가 만연하고 장애아이들은 장애가 있다는 이유만으로 차별을 받고 있는 것이다.

다름과 다양성에 대한 수용이 자연스럽게 이루어지는 사회는 아

교사! 그 아름다운 이름

름다운 사회이다. 이런 사회가 너와 내가 행복할 수 있는 사회이다. 그러므로 나와 생각이 다르고 가치관이 다르고 문화가 다름에 대해 서로 존중하고 배려해야 한다. 이름 모를 들꽃도 각기 다른 모양과 향기를 가지고 있지만 함께 어우러져 있기에 더욱 아름답다.

그러나 사람들은 나와 다르면 나와 다르다고 생각하는 것이 아니라 상대방이 틀렸다고 생각한다. 이러한 생각 때문에 상대방을 배척하고, 마음의 문을 닫아 버리며, 끼리끼리 어울리면서 심지어 상대방을 비난하기도 한다.

교사들은 어려서부터 차이를 차별로 인식하지 않고 다름을 수용할 수 있도록 아이들을 지도해야 한다. 그러기 위해서는 교사의 사고가 무엇보다 중요하다. 그러므로 자신도 차이를 다름이 아닌 차별로 인식하여 행동하고 있는 것은 아닌지 점검해 보아야 한다. 나와 다른 사람을 존중하고 배려하고 있는지, 생각이 다르다고 마음의 문을 닫아버린 것은 아닌지 확인 사살을 해 보아야 한다.

교사가 가진 틀로 다른 사람을 재단하는 태도는 고스란히 아이에게로 옮겨간다. 아이는 교사의 사고를 닮아 가고, 교사의 행동과 태도를 보면서 생각을 다져 간다. 즉, 교사의 태도를 보고 사람을 어떻게 대해야 하는지 배운다. 이러한 것이 저축이 되어 차이와 차별에 대한 아이의 인식에 영향을 미친다.

교육! 그 두려운 이름

차이와 차별을 생각하면 떠오르는 최선옥 시인의 '우리와 우리끼리'라는 시는 차이와 차별을 대한 것을 곰곰이 생각해 보고 반성하도록 일깨워 주고 있다.

"채송화도 봉숭아도 담장 위 나팔꽃도
어느 것 하나 정겹지 않은 것들이 있을까요.
언제 어떻게 이 땅에 들어왔는지 모르지만
오랜 세월 우리와 함께 울고 웃으며
이제 사랑받는 우리 꽃이 되었습니다."
신문 전면의 그림과 광고문구가 눈을 끌었다.


채송화, 봉숭아, 나팔꽃 등 정겨운 이름의 것들이
당연히 우리나라에서 처음 자생한 꽃이라 생각했지만
나팔꽃과 맨드라미의 고향은 인도, 접시꽃은 중국,
채송화는 남미, 봉숭아는 동남아시아가 고향이란다.
이들이 언제부터인지 모르지만 우리나라에 들어와
자연스럽게 뿌리내리고 우리 것으로 정착한 것이다.
우리가 잘 쓰는 '우리'라는 말.
그 안에는 정과 이해와 포용이 모두 녹아 있다.
서로 섞여 융화되는 느낌의 말이다.


그러나 '우리끼리'라는 말은 어감이 다르다.

공동의 심리나 생김 혹은 성질이 다른 종과는

구별 지으려는 심리가 깔려있다.


그 동안 우리는 우리라는 말 속에

혹 우리끼리라는 마음을 담고 있지는 않았을까?

교육! 그 두려운 이름

# 61

## 독버섯과 같은
## 열등감

열등감은 독버섯과 같아서 자칫하면 자신의 인생을 구렁텅이로 몰아넣고 정신적인 병리현상을 일으킬 수 있다. 정신이 건강해야 행복한 삶을 영위할 수 있다는 것은 누구나 인지하고 있는 사실이다. 루스벨트 대통령 영부인 엘리너 여사는 『세상을 끌어 안아라』라는 책에서 "여러분의 동의 없이는 아무도 여러분에게 열등감을 심어 줄 수 없습니다Nobody can make you feel inferior without your consent."라는 말을 했다. 즉, 열등감은 스스로 인정하지 않으면 절대로 생기지 않는다는 의미이다.

열등감은 성장하면서 남과 나를 비교하는 과정에서 자연스럽게 자리 잡는다. 우리는 비교가 습관화되어 있는 경우가 너무 많다. 남들과 비교하면서 심지어 내가 장애가 없음에 행복하고, 때로는 나에게 불행한 일이 닥치지 않은 것이 행복하고, 내가 중심이 아닌 남과의 비교를 통해 나의 행복을 측정하기도 한다. 즉, 상대의 불행이 나의 행복이 되기도 한다. 그러기에 우리 속담에 '사촌이 땅을 사면 배가 아프다'라는 말까지 있지 않은가? 이것은 오히려 열등감의 반증이라고 할 수 있다. 그러므로 '완벽한 나' 대신 '있는 그대로의 나'를 바라보고 수용하면 열등감은 생기지 않는다.

우리는 누구나 정도의 차이는 있지만 콤플렉스complex는 다 가지고 있다. 하지만 이 콤플렉스를 어떻게 극복하느냐에 따라 성공의 기반이 되기도 하고, 평생을 열등감에 지배당해 살기도 한다.

열등감은 때로는 자존감을 무너뜨리기도 하고, 자신을 무가치한 존재로 만들어 스스로를 상처 입히기도 한다. 그러므로 자신의 콤플렉스와 당당하게 맞서야 열등감을 뿌리 뽑을 수 있다.

열등감을 극복하기 위해서는, 첫째, 내 안의 콤플렉스와 마주봐야 한다. 이를 통해 객관적으로 내 열등감의 원인을 찾아 당당하게 맞서서 스스로 극복해야 한다. 나의 단점도 있는 그대로 수용하면서 개선하려고 노력하고 인간이면 누구나 한두 개의 단점은 다 가지고 있음을 인정해야 한다.

둘째, 자신을 있는 그대로 수용할 수 있어야 한다. 남들과의 비교보다는 자신의 모습을 있는 그대로 바라보아야 한다. 적절한 비교는 나를 성장시키기도 하지만 일반적으로 자신을 위축시키고 자존감을 떨어트린다. 또한 자신을 불행감에 빠뜨리며, 시기와 질투로 자신을 무장하고 불안을 증폭시킨다.

독버섯 같은 열등감은 독처럼 온몸에 퍼져 자신을 갉아먹고 마비

시킨다. 자신감을 떨어뜨릴 뿐만 아니라 우울증을 가중하고, 자기의 소중함을 잃어버리게 만든다. 따라서 스스로를 격려하고 토닥이며, 본인이 가지고 있는 모습 그대로의 자기를 사랑할 수 있어야 열등감을 극복할 수 있다.

소아마비라는 장애 때문에 '1급 장애인'이었지만 장애를 딛고 서강대학교 영문과 교수가 된 고 장영희 박사는 "내가 살아 보니 남들의 가치 기준에 따라 내 목표를 세우는 것이 얼마나 어리석고, 나를 남과 비교하는 것이 얼마나 시간 낭비이고, 그렇게 함으로써 내 가치를 깎아 내리는 것이 얼마나 바보 같은 짓인 줄 알겠다. 그렇게 하는 것은 결국 중요하지 않은 것을 위해 진짜 중요한 것을 희생하고, 내 인생을 잘게 조각내어 도랑에 집어넣는 일이다."라며 비교에 대한 어리석음을 말했다.

나는 단언컨대 열등감이 많은 교사는 절대 교사를 하면 안 된다고 딱 잘라 말한다. 마음이 건강하지 못하기 때문이다. 교사는 몸도 건강해야 하지만 마음도 같이 건강해야 한다. 교사의 열등감은 독버섯 같아서 아이의 생명을 죽인다. 아이의 마음에도 열등감이라는 독버섯을 심어 준다. 뿐만 아니라 교사의 열등감은 아이들에 대해서도, 같은 동료 교사나 부모에 대해서도 자칫 부정적인 시선으로 볼 우려가 있다.

교사! 그 아름다운 이름

만약 자신에게 열등감이 있다면 열등감을 뿌리 뽑기 위해 괭이를 들어야 한다. 호미로는 안 된다. 자기의 열등감과 정면으로 마주하고 매일 마음이 건강해지도록 지속적으로 마음 운동을 해 주어야 한다.

교육! 그 두려운 이름

## 62

# 교사 재교육의
# 단상

보육교사 1급과 2급 승급교육, 영아직무교육 혹은 원장 사전직무
교육, 원장교육을 하다 보면 수많은 보육교사와 예비 원장 및 원장
들을 만나게 된다. 여기서 재미있는 사실 하나는 모든 교수들이 원
장교육이 가장 힘들다고 한다는 것이다. 강의를 들어가 보면 태도에
서 확연한 차이를 먼저 볼 수 있는데 원장교육에서는 상당수 원장들
이 팔짱을 끼고 교육을 듣는다고 한다. 그것도 사실은 듣는 것이 아
니라 자리에만 앉아 있고 모두들 휴대폰을 꺼내 열심히 뭔가를 한단
다. 나도 어느 날 원장교육에서 황당한 경험을 했다. 한 원장이 팔짱
을 끼고 껌을 짝짝 씹으면서 사장 품으로 너 얼마나 잘하나 한번 보
자는 자세로 앉아 있었다. 잠시 고민을 하다가 이런 이야기를 했다.

"자기 자존감이 높은 사람은 언제 어느 곳에서든 자기가 현재 무
엇을 하고 있고, 무엇을 해야 하는지를 아는 사람입니다. 그래서 나
는 여러분의 자세만 봐도 그 사람이 자존감이 있는 사람인지 아닌지
파악하게 됩니다." 그리고 이어서 "한 원을 이끌어 가는 원장들이 제
대로 자세를 갖추지 않으면 그 교육기관은 '세월호'처럼 침몰할지 모

릅니다."라고 경고했다. "원장이 방향키를 잘못 돌리면 모두가 자멸할 수 있으므로 원장으로서의 리더십과 더불어 자신의 위치를 지킬 줄 알아야 합니다."고 잔소리 아닌 잔소리를 하게 된다. 이쯤 되면 슬슬 자세들이 고쳐지고 휴대폰이 들어가기 시작한다.

교사교육을 하면 실망도 많이 하고 화도 많이 난다. 우리는 현장에서 영유아들이 교사가 원하는 대로 잘 따라와 주지 않는다고 푸념하면서 정작 자신의 태도는 못보고 있다. 아이들이 무엇을 보고 배우겠는가? 특히 영아직무교육의 경우 어차피 근무하는데 영아직무교육을 받은 후 영아반을 맡으면 영아수당을 받을 수 있어 자리만 채우고 시간만 보내려고 하는 경우가 상당수 있다. 그래서 난 쓴 소리도 마다하지 않는다.

그러나 한편으론 교사들의 입장도 이해가 간다. 하루 종일 아이들과 함께 씨름하다가 피곤한 몸을 이끌고 저녁에 교육을 받고 가면 결혼한 교사의 경우 교육받는 한 달 동안 집안은 엉망이 되고, 본인의 자녀들도 챙겨 주지 못할뿐더러 수업 준비를 할 겨를도 없이 다음 날 아침에 출근해야 하는 일상이 반복된다. 그렇게 되면 그 피해는 고스란히 영유아들에게 돌아간다. 교사의 질을 높이기 위한 재교육이 오히려 현장의 영유아들에게 질 낮은 교육을 받게 만드는 모순이 생기는 것이다.

교육! 그 두려운 이름

제대로 된 교사 재교육이 이루어지기 위해서는 기간을 단축해서라도 교사들이 낮에 집중적으로 교육을 받을 수 있도록 해 주어야 한다. 이를 위해서는 근본적으로 제도적인 뒷받침이 마련되어야 한다. 그래야 덜 피곤한 상태에서 제대로 된 교육을 받을 수 있고, 재교육의 효과를 볼 수 있다. 그렇지 않다면 말만 재교육이지 어쩔 수 없이 시간만 채우고 가는 악순환이 되풀이될 수밖에 없다.

교사! 그 아름다운 이름

# 63

# 교사의
# 옷차림

나는 평소 예비교사에게 교사는 걸어 다니는 '교구'라고 말한다. 그래서 아이들이 좋아하는 밝은 색의 옷에 다양한 느낌을 줄 수 있는 저렴한 옷을 구입해서 가능하면 매일 바꾸어 입고 출근하라고 한다. 아이들이 교사의 옷차림을 통하여 감각을 자극받고, 모양과 색깔을 구별하고, 촉감을 느끼며, 미적 감각을 키울 수 있기 때문에 교사의 옷차림은 살아 움직이는 교구가 되어야 한다고 강조한다.

그러나 원장 및 교사 교육 현장에서 만나는 선생님들은 80%가 무채색의 옷을 입고 있다. 순간 어둠이 밀려오는 기분이다. 어린이집이나 유치원을 방문해 봐도 젊은 신입교사를 제외하면 대부분 교사들의 옷차림은 무채색이다. 그리고 공통적인 요소가 하나 더 있다. 바로 앞치마이다. 그나마 교사의 개성에 따라 입고 온 옷은 앞치마에 가려 버린다. 교구로서의 옷차림이 제 역할을 못한다.

옷차림은 일반적으로 행동에도 영향을 미친다. 정장이나 고급스러운 옷을 입으면 행동의 반경이 줄어들고 조심하게 된다. 반면 청바지처럼 캐주얼한 옷을 입으면 활동이 자유로워져 아무데나 편하게 앉는다. 누구든 한 번쯤 이런 경험이 다 있을 것이다.

교사의 옷차림은 아이들을 대할 때도 영향을 미칠 수밖에 없다. 정장이나 고급스러운 옷을 입으면 무엇이라도 묻어 행여 드라이를 해야 될까 봐 아이들을 편하게 안아 주기가 쉽지 않다. 교사를 향해 달려오는 아이를 엉거주춤하게 안아 주게 된다.

나는 그래서 교사들에게 출근하면 트레이닝복으로 갈아입으라고 권유한다. 우리 기관에 근무하는 교사들과 나도 출근을 하면 모두 트레이닝복으로 갈아입었다. 대신 각각 다른 색깔의 옷을 입었다. 빨간색, 주황색, 노란색, 초록색, 파란색, 보라색, 분홍색 등으로 갈아입고 나면 순식간에 '무지개'라는 이름을 가진 교육기관에 무지개가 뜬다. 아이들이 코를 묻혀도 집에서 세탁기 한 번 돌리면 되기 때문에 부담이 없다. 활동도 자유롭다. 아이들과 마냥 같이 뒹굴어도 문제될 것이 없다.

혹자는 부모들이 상담을 올 때 교사의 옷차림이 트레이닝복이면 예의가 아니지 않느냐고 한다. 물론 맞는 말이다. 그러나 아이들과 더 함께 하기 위해 트레이닝복을 입었다고 양해를 구하면 오히려 부모들이 반기고 고마워한다. 아이들이 그냥 "선생님"이라고 부르지 않고 "빨강 선생님" "노랑 선생님"이라고 부른다. 부모들도 갑자기 선생님 이름이 기억나지 않으면 "아, 그 빨강 트레이닝복 입은 선생님 있잖아요."라고 말하며 웃는다.

교사! 그 아름다운 이름

그러나 나는 이쯤에서 묘한 딜레마에 빠진다. 평소 교사는 걸어다니는 교구가 되어야 한다고 주장하면서 물론 색깔은 다르지만 교사들에게는 획일화된 트레이닝복을 입으라고 하는 것에 대한 갈등이 생긴다. 하지만 어차피 무채색의 옷이나 앞치마에 가려진 옷은 교구로서의 역할을 못한다. 그러므로 교구로서의 역할을 할 수 있다면 과감하게 앞치마를 벗어 던지자. 그럴 수 없다면 차라리 트레이닝복으로 아이들과 가장 가까운 곳에서 가장 편한 차림으로 만나 한판 신나게 뒹굴어 주자.

교육! 그 두려운 이름

# 엄마!
# 아이보다 하루만 더
# 살고 싶은
# 엄마라는 이름

엄마라는 이름은 위대하다. 아니 위대하다 못해 슬프다. 가만히 엄마, 엄마라고 되뇌어 보면 가슴 한편이 따뜻해져 온다. 그러나 자신의 이름을 잊어버리고 오로지 '장애아의 엄마'라는 이름으로 살아가는 사람들이 있다. 때로는 엄마라는 이름을 포기하고 싶다고, 사표를 내고 싶다고 말하는 사람이 있다. 그래도 엄마이기에 희망의 날실과 씨실을 조금씩 엮어 가면서 살아가는 그들의 삶은 진흙탕 속에서 연꽃을 피우는 것처럼 절절하다. 슬프면서 아름답고 아름다우면서도 가슴이 먹먹한 결코 아름답지 않은 '장애아의 엄마'라는 이름이 아이보다 하루만 더 살고 싶은 엄마의 이름이다.

# 느린 아이를 가진 엄마들에게 부치는 편지

## 당신, 참 애썼다

정희재

나는 이제 안다.
견딜 수 없는 것을 견뎌야 하고
받아들일 수 없는 것들에 지쳐,
당신에게 눈물 차오르는 밤이 있음을.

나는 또 감히 안다.
당신이 무엇을 꿈꾸었고,
무엇을 잃어 왔는지를.

(중략)

입에서 단내가 나도록 뛰어갔지만
끝내 가버리던 버스처럼 늘 한 발짝 차이로
우리를 비껴가던 희망들.

그래도 다시 그 희망을 좇으며
우리 그렇게 살았다.

당신, 참 애썼다.
사느라, 살아내느라.

여기까지 오느라 애썼다.

부디 당신의 가장 행복한 시절이
아직 오지 않았기를 두 손 모아 빈다.

단내가 나도록 뛰어갔지만 끝내 가 버리던 버스처럼 늘 한 발짝 차이로 우리를 비껴가던 희망들이 있었다는 걸 다른 사람들은 모르겠지만 함께 한 우린 알고 있잖아요. 사실은 괜찮은 척, 아무렇지도 않은 척했던 순간이 우리에겐 가장 힘들었던 순간이란 걸 우린 서로 알고 있잖아요. 그 힘든 순간 어쩌면 내가 가장 듣고 싶었던 말은 거창한 말이 아니라 '당신, 참 애썼다.'라는 단 한마디의 말이라는 것도 다른 사람은 몰라도 우린 알고 있잖아요. 그래도 희망의 끈을 절대 놓지 못한 건 엄마라는 이름 때문이란 걸 우린 알고 있잖아요.

어깨를 토닥여 드리면서 느린 아이와 함께 '여기까지 오느라 참 애썼다'라고 말하고 싶네요. 무슨 말로도 위로가 안 되겠지만 우린 아직 살아있고, 그 시린 가슴에 아직 당신이 가져야 할 가장 행복한 시절은 남아있다고 말해 주고 싶네요. 우리 여기까지 왔는데 조금만 더 힘내서 같이 가자고 손잡아 주고 싶네요.

엄마! 아이보다 하루만 더 살고 싶은 엄마라는 이름

## 64

# 느린 엄마의
# 우울증과 건망증

우리 엄마들은 대부분 우울증과 건망증을 가지고 있다. 느린 아이를 가진 엄마들 중에 한 번쯤 우울증을 겪어 보지 않은 사람은 거의 없다. 하루에도 몇 번씩 마음이 오락가락한다. 우울증 약을 복용하는 엄마들도 많다. 한국 사회에서 아이를 지키려면 투사가 되어야하기 때문에 어쩌면 당연한 결과일 것이다.

우울증이 얼마나 사람을 좀먹는지 알면서도 쉽게 벗어나지 못한다. 어쩌면 평생 지병처럼 가져가야 하는 것인지도 모른다. 이러한 우울증은 극단적인 선택도 하게 만든다. 우리 기관에서도 평소에 "원장님, 내 소원이 뭔지 아세요. 아이보다 하루만 더 사는 게 내 소원이에요. 내가 아이 뒷정리해 주고 다음 날 떠나는 거요."라고 말하며 슬픈 미소를 짓던 한 어머니는 그 소원을 이루지 못한 채 아이를 가슴에 안고 결국 스스로 삶을 마감했다. 아이보다 하루만 더 살고 싶다던 엄마의 간절한 마음에 어떻게 아이를 남겨 놓고 갔는지…….
엄마라는 짐이, 엄마라는 무게가 너무 힘들었나 보다. 그래도 한 가닥 끈을 놓지 않고 포기하고 싶어도 포기하지 못하는 것이 엄마라

교사! 그 아름다운 이름

는 이름인데 가슴으로는 이해할 수 있으면서도 머리로는 이해가 안 되어 혼란스러웠다.

느린 아이를 가진 엄마들은 아이에게 신경을 너무 써서 건망증도 무척 심하다. 휴대폰을 냉장고에 넣고도 까마득히 잊어버리고 찾아 헤매는 정도는 다반사이다. 집 앞 엘리베이터 앞에서 신발을 벗었다던 엄마는 이 얘기를 하면서 눈물을 흘리셨다. 총명했던 지난날은 까마득하고 언제부터 이렇게 되었는지 자괴감에 밤을 지새우셨단다.

어느 날, 한 부모 집에서 소모임을 하고 헤어졌는데 모임에 참여했던 한 엄마에게서 전화가 왔다. 갓난아기가 집에 있는 줄 알았는데 집에 오니 아이가 없어졌다며, 경찰에 신고를 하고 찾느라고 난리가 났다. 그런데 알고 보니 아이는 모임을 했던 집의 작은 방에서 곤히 자고 있었다. 엄마가 우리들이 하는 얘기 소리에 아이가 깰까 봐 작은 방에 눕혀 놓고는 깜빡 잊어버리고 그냥 집에 가 버린 것이다. 그 집에서 우리가 간 후 집 청소를 하려고 작은방 문을 열었다가 아이가 곤히 자고 있어 깜짝 놀랐다고 한다. 웃어야 할지 울어야 할지 모르는 상황이었다.

이처럼 느린 아이를 양육하면서 엄마들은 심적, 정신적으로 많은 변화를 겪는다. 이러한 변화를 교사들이 이해하지 못할 경우 교사와 엄마 사이에 갈등이 자리 잡게 된다. 그래서 나는 무조건적으로 엄

엄마! 아이보다 하루만 더 살고 싶은 엄마라는 이름

마를 이해하라고 교사를 설득한다.

하루에도 몇 번씩 마음을 추스르지 못하는 엄마! 사회의 달갑지 않은 눈초리와 가족들조차 이해하지 못하고 명절이면 시댁으로부터 "다른 집들은 돈 모아서 집도 사고 하는데 쓸데없는 데 돈 쏟아붓지 말고 아이를 시설에 보내라."는 소리를 들어야 하는 엄마! 따사로웠던 가슴이 비수처럼 꽂히는 상처를 감내하느라 사막처럼 황폐해져 눈물조차도 말라 버린 엄마! 정신적, 육체적으로 힘들어도 느린 자녀를 가졌다는 이유만으로 누구에게 하소연을 하기도 쉽지 않고 친한 친구들과의 관계도 자연스럽게 끊어져 고립의 벽 속에서 홀로 외로운 엄마! 자신의 모든 삶을 저당 잡히고 오로지 장애엄마라는 주홍글씨로 살아야 하는 엄마!

이런 엄마를 자식을 낳아 보지 않은 미혼의 교사가 이해하기는 쉽지 않다. 나도 미혼 시절 죽었다 깨어나도 이해되지 않는 엄마들의 행동과 말 때문에 많은 상처를 받았다. 그러나 지금 돌이켜보면 내가 이해한다고는 했지만 실제로는 자식을 가진 엄마의 마음을 십분의 일도 이해하지 못했던 것 같아 죄스럽다. 자식을 낳아 키워 보면서 엄마의 마음을 같이 느끼고 공감하게 되었으며, 엄마의 마음들이 가슴으로 들어왔다. 어쩌면 특수교사는 미혼이 아닌 기혼교사가 하는 것이 더 적절할 수도 있겠다는 생각을 하는 것도 이러한 이유일 것이다.

교사! 그 아름다운 이름

## 65

# 엄마의 눈물과 땀이
# 안겨 준 선물

　가만히 ○○ 엄마의 이름을 불러본다. 연년생 자매를 키우면서 장애를 가진 첫째 딸의 교육에 전념하느라 동생이 영양실조가 걸릴 정도로 제대로 보살펴 주지 못하면서 우리 기관을 하루도 빠지지 않고 다녔던 열성 어머니. 어머니의 노력과 땀과 눈물이 아이에게 경북대 전자공학과 졸업장을 안겨 주었다. 그 결과, 아이는 지금 일본인 회사에 입사하여 어엿한 사회인으로 자신의 몫을 다하고 있다.

　○○는 고기능 자폐증으로 진단 받은 여자아이이다. 처음 우리 기관에 왔을 때 인형처럼 예쁜 얼굴로 교사의 마음을 훔쳤지만 자신만의 세계를 파수꾼처럼 지키고 있어 선생님들과 손잡는 것조차 거부했다. 누군가 다가와도 마음을 열지 않았으며, 혼자만의 세계를 즐겼고 눈 맞춤도 피했다. 그러나 고기능 자폐라고하기엔 특출난 지적 기반을 가지고 있어 오히려 '서번트 신드롬Savant syndrome'이라고 보는 것이 더 타당해 보였다. '서번트 신드롬'은 의사소통 능력 및 사회성 등에는 문제가 있으나 특정 부분에서는 매우 우수한 능력을 가지고 있다.

엄마! 아이보다 하루만 더 살고 싶은 엄마라는 이름

○○는 백과사전을 통째로 외우고 있을 정도였다. 오죽하면 내가 동서문화사에서 출판된 『세계대백과사전』 30권 전집을 사서 놀라움과 감탄으로 확인을 했겠는가? 이 백과사전은 애물단지가 되어 5년 가까이 우리 집 책장을 장식하고 있다가 필요한 곳에 기증하였다.

우리 기관은 ○○가 초등학교에 입학하면서 교육을 종료시켰다. 초등학교에 입학한 후에도 아이들이 질문을 했을 때 선생님이 답을 제대로 못하면 이 아이 입에서 답이 줄줄 나왔다. 같은 반 아이들은 뭔가 이상하지만 특출난 지적 기반 때문에 장애를 가진 아이라고는 생각을 하지 못했다. 우리가 흔히 공부를 너무 잘하면 일반적으로 약간 특이한(?) 성격을 가졌다고 생각하는 것처럼 주변에서 그런 아이라고만 생각했다. 초등학교 내내 전교 1~3등을 놓치지 않을 정도로 공부를 잘했지만 또래들과 관계를 형성하거나 상황을 이해하는 것은 힘들어했다.

예를 들어, 교회에서 목사님 설교를 들으면서 목사님이 거짓말을 하면 안 된다고 할 때 "예."라고 대답을 하면 반드시 지켜야 하는데 모든 아이들이 "예."라고 대답해 놓고 밖에 나와서 거짓말을 하는 상황을 이해하지 못하는 것이다. 그래서 엄마에게 "예."라고 대답을 했는데 왜 거짓말을 하느냐고 질문을 해서 엄마를 곤혹스럽게 하는 아이였다.

집에서 드라마를 볼 때도 동생은 전체 줄거리를 이해하면서 보지만 ○○는 단편적으로 장면 장면만 이해한다. 대학에 들어가서도

M.T 활동을 부담스러워 했고, 학우들과 관계를 형성하는 것을 어려워했다.

그러나 어머니는 희망을 가지고 긍정적으로 생활하면서 아이에게 최선을 다했다. 아이의 초등학교 시절부터 시작하여 대학에 들어가서도 어머니는 나에게 전화로 끊임없이 질문하셨고, 이것은 그대로 피드백이 되어 아이 교육으로 이어졌다.

○○가 취업이 되자 엄마와 아빠는 사업을 위해 자매만 남겨 놓은 채 중국으로 떠나시면서 ○○와 한 달에 한 번만 통화를 해 달라고 부탁을 했다. 마침 내가 사는 도시에 자매도 살고 있었다. 어느 날 ○○가 전화를 했다. 뜬금없이 "원장님, 왜 회사 사람들이랑 점심을 같이 먹어야 해요? 난 혼자 먹어도 되는데…… . 이해가 안 돼요."라고 했다. 나는 간단하게 아이가 이해할 수 있는 말로 설명을 했지만 아이는 사람들이랑 점심을 함께 먹는 것이 싫다고 하고는 전화를 끊었다.

전화를 끊고 갑자기 ○○가 대학 시절 우리 아이랑 동갑이라 같이 만났던 기억이 떠올랐다. 당시 나는 둘을 커피숍에 남겨 놓고 두 시간 정도 볼일을 보고 왔다. 그 때 우리 아이가 집으로 돌아오면서 "엄마, 나 부탁이 있는데 다음에 만날 때는 나 데리고 가지 말아요." 라고 했다. 우리 아이는 장애에 대해 편견이 전혀 없는 아이라 이상

엄마! 아이보다 하루만 더 살고 싶은 엄마라는 이름

하게 생각하고 왜 그러느냐고 물어보았더니 "엄마, 혹시 두 시간 동안 동문서답하는 경험해 보았어요? 4차원 세계에 갔다 온 줄 알았어요. 난 일상적인 얘기를 하는데 걔는 갑자기 물리 얘기하고, 내가 강아지 얘기하면 걔는 우주 얘기하고… 분자가 어떻고 얘기하고, 전혀 이해가 안 되는 얘기 속에 걔는 전혀 힘들어 보이지 않았는데 나는 두 시간이 좀 힘들었어요."라고 했다.

두 시간도 힘들었다고 얘기하는데 오랜 세월 동안 엄마라는 이름으로 아이에게 적합한 학교를 찾아 초등학교와 중학교는 오산에서, 고등학교는 부산에서, 대학은 대구로 보내면서 "원장님. 내가 아이 때문에 전국을 도네요."라며 힘든 것을 감추고 웃으면서 얘기하던 엄마! 대학 합격 통지서를 받던 날 항상 조용히 눈물만 비치던 엄마가 처음으로 내 앞에서 큰 소리로 꺼이꺼이 울음을 토해 내셨다. 우리 둘은 전화기를 붙들고 한참을 같이 울었다.

희망의 끈을 끝까지 붙들고 눈물로 키워 낸 아이가 엄마에게 자립이라는 선물을 안겨 주었다. 엄마라는 이름 때문에 어느 누구보다도 강하게 살았던 한 여인이 이제 남은 세월 동안은 오로지 자신의 이름으로 자신만을 위해 살아가기를 기원해 본다.

교사! 그 아름다운 이름

## 66

# 우리 아들은
# 수다쟁이!

생각만 하면 마음이 먹먹해지는 ○○ 엄마. 눈물겨운 삶에 가슴 한켠이 자꾸만 아려온다. 세 아이의 엄마. 쌍둥이 두 딸 중 둘째는 학습장애, 막내 아들은 ADHD이다. ○○ 엄마는 미대를 졸업하여 그림 그리는 솜씨가 뛰어났다. 막내에게 필요한 학습 자료를 밤새워 정성을 다해 그려서 보내 주시거나, 기관에 필요한 학습 자료의 그림을 요청하면 마다않고 도와주셨다. 세 아이의 엄마지만 다행인 것은 남편이 모든 면에서 적극적으로 협조해 주고 도와준다는 것이다.

막내는 가는 곳마다 말썽을 일으켰고 아파트 주변에서 모르는 사람이 없을 정도로 유명인사였다. 대학을 장애아이들을 위한 대안대학에 보냈는데 졸업을 앞두고 시행된 실습지에서 이 아이의 주특기인 수다 떨기는 빛을 발했다. 어르신들도 같은 말을 반복하고 아이도 같은 말을 반복해도 서로 지루해하지 않아 어르신들에게 가장 인기가 높았단다. 심지어 이 아이를 놓고 서로 말벗을 하려고 어르신들 사이에 쟁탈전이 벌어질 정도였고, 아이도 얼마나 수다를 떨고왔는지 집에서 좀 조용하더란다. 나도 이 아이의 수다가 무서워 우

엄마! 아이보다 하루만 더 살고 싶은 엄마라는 이름

리 집 벨을 누르면 있으면서도 없는 척한 경우도 있었다. 한번 붙들리면 기본이 5시간 이상이다.

  학습장애가 있는 둘째 딸은 학교에서 왕따를 당했고, 어느 날은 또래들에게 몰매를 맞아 온몸에 멍이 들어 왔다. 이 사건은 가족들에게 씻을 수 없는 상처를 남겼다. 이를 계기로 부모님은 자매를 유학 보내기로 결정했고, 우리 아이가 가려고 망설이고 있던 캐나다의 기숙사가 있는 기독교 학교에 자매가 가게 되어 중·고등학교 시절을 캐나다에서 보냈다. 대학은 미국으로 가서 둘 다 유아교육을 공부했지만 둘째는 졸업을 하지 못했다. 첫째는 교사자격을 가지고 돌아왔지만 한국에서는 인정이 되지 않았다.

  엄마는 미대를 졸업했지만 아들의 주특기가 수다 떠는 것이라 노인복지기관을 운영하면 아들이 노인들의 말벗으로는 안성맞춤일 것이라는 생각에 막내가 일할 수 있는 공간을 마련해 주겠다는 꿈을 안고 우리 대학의 사회복지과에 입학을 했다. 그리고 첫째 딸은 유아교육과, 둘째는 사회복지과에 입학을 했다. 세 사람이 같은 학교의 동창이 된 것이다. 둘째는 레포트를 비롯하여 전반적으로 학교학습을 조금 힘들어하긴 했지만 엄마와 주변의 도움으로 무사히 졸업할 수 있었다.

  졸업 후 첫째 딸은 유치원 교사로, 둘째는 우리 학교를 졸업한 제자가 원장으로 있는 법인어린이집에 내가 부탁을 하여 보조교사로 자신의 삶을 잘 살아가고 있다. 처음에는 원장님도 보조교사로서도 부족하니 고민이라고 하셨지만 하나님의 선물이라고 생각하고 자기가 잘 보살피겠노라고 약속하셨다. 근무하는 중간중간 힘든 상황이 가끔씩 발생하여 어머니와 원장님의 사이에서 나는 열심히 중재를 해야 했다.

3년 동안의 보조교사 생활을 성실히 마치고 둘째는 다른 도약을 꿈꾸었다. 그동안의 경험을 살려 정교사를 한번 해 보고 싶다고 다른 원으로 옮기게 된 것이다. 이 과정에서 둘째를 잘 아는 나는 반대를 했지만 둘째와 ○○ 엄마는 한번 도전해 보고 싶다고 하였다. 마지막 결정은 어머니에게 맡겼는데 옮긴 어린이집에서는 결국 두 달을 채 못 채우고 그만두어야 하는 상황이 되었다. 그래도 ○○ 엄마는 아이가 원하는 것을 해 보도록 했으니 후회는 없다고 하셨다.

○○ 엄마는 세 아이의 엄마라는 이름으로 살아가면서 언제나 긍정적이고 적극적이며, 웃음을 잃지 않아 나에게 많은 가르침을 준 스승이면서 친구와 같은 존재이다. 그리고 15년이 넘는 세월동안 인연을 이어 온 소중한 사람이기도 하다. 부부가 아이의 교육에 일심동체일 뿐만 아니라 서로에게 든든한 지원군이기도 해서 '장애가족이 더도 말고 덜도 말고 이 집만 같아라!'라고 말하고 싶을 정도로 산모델을 보여 준 가족이기도 하다.

엄마! 아이보다 하루만 더 살고 싶은 엄마라는 이름

가끔씩 만나 서로의 가슴을 달래 주었던 시간들 속에서 나는 오히려 ○○ 엄마를 통해서 세상을 배우고, 해맑음을 배웠다. 아들로 인해 학부모로 만났지만 또 다시 스승과 제자로 만남을 이어 가게 되었으니 생각해 보면 참 묘한 인연이다.

# 67

# 그래! 그래!
# 엄마

○○ 엄마는 내가 만난 엄마 중 가장 마음이 건강하고 긍정적인 엄마였다. 딸 셋에 아들이 하나였는데 둘째 딸까지 낳고 다음에 낳은 아이가 아들이었고, 아들을 한 명 더 낳으려고 또 아이를 출산했지만 막내는 여자 아이였다. "둘만 낳았으면 이 고생 안 할 텐데."라고 호탕하게 웃으시며 그래도 괜찮다고 자신을 토닥거리던 엄마!

아이가 지적장애가 너무 심하여 초등학교도 10살에 입학시켰다. 그럼에도 불구하고 골프를 치러 다닐 때도 아이를 데리고 다니면서 아이의 장애를 전혀 부끄러워하지 않는 당당한 엄마였다.

어느 날, 열한 살인 아들이 숫자 1, 2, 3을 변별하게 되자 자기 친구들을 집으로 초대하여 축하파티를 열어 주면서 아들의 발달을 자랑하고 축하해 주던 엄마! 아이가 동그라미를 변별하자 그 기쁨을 나누고자 우리에게 떡 배달을 시켜 눈물로 떡을 먹게 한 엄마!

아들이 점점 자라 시도 때도 없이 자위행위를 하기 시작하자 집에서 혼자 뒤처리를 하는 법을 가르치며 우리 아들 잘 컸다고, 걸음만 제대로 걸었으면 하는 것이 소원이었는데 자꾸 욕심이 생긴다고, 이

엄마! 아이보다 하루만 더 살고 싶은 엄마라는 이름

정도만 해도 감사한데 더 욕심 부리면 안 된다고, 하루에 몇 번씩 욕심을 줄이는 연습을 한다던 엄마!

아들에게 항상 그래! 그래! 엄마였다. 이러한 긍정의 힘은 다른 자녀들에게도 똑같이 영향을 미쳤다. 두 누나와 아래 여동생도 엄마를 닮아 ○○를 끔찍하게 아끼며, 왕자처럼 대접을 해 준다. 그래서 이 아이는 자기가 정말 왕자인 줄 안다. 첫째 딸은 동생을 위해 우리 대학 사회복지과에 입학하여 나의 제자로 들어왔고, 동생을 본인이 직접 가르치고자 졸업 후 모 대학 대학원 언어치료과에 진학하였다.

## 68
# 엄마!
# 대학원 가다

다운증후군 딸을 둔 ○○ 엄마는 어릴 때부터 아이를 당당하게 세상에 내보냈다. 아이는 다운증후군을 가지고 있었지만 이런 엄마 덕분에 세상에서 자기가 가장 예쁘고 잘난 줄 안다. 그래서 잘난 척도 아주 잘한다. ○○는 나와 근처 아파트에 살고 있었기 때문에 퇴근 시 별일이 없으면 항상 태우고 다녔다. 그런데 이 아이는 내 앞에 끼어드는 차가 있으면 여지없이 성별에 맞게 '○○놈, ○○년'이라는 욕을 날린다. 그리고 차 안에서 가끔씩은 "우리 김명뚝<sub>김명숙-가명</sub>이가 무<sub>뭐</sub> 지가<sub>자기가</sub> 지일<sub>제일</sub> 이뿐지<sub>예쁜</sub> 줄 알고 거굴<sub>거울</sub>만 봐. 우리 행떡<sub>형석-가명</sub>이는 좋아."라고 말한다. 나중에 김명뚝은 자기 엄마의 이름이었고 행떡이는 오빠의 이름이란 것을 알게 되어 박장대소를 한 적도 있었다.

스승의 날 연필로 꾹꾹 눌러 쓴 편지엔 '스님, 스승님, 수녀님 안녕은 하세요'로 시작하여 스승님이 도와주셔서 잘 지내고 있다는 내용과 마지막은 스승의 날임에도 불구하고 '새해 복 만이 바드세요.'

엄마! 아이보다 하루만 더 살고 싶은 엄마라는 이름

로 끝을 맺어 나를 박장대소하게 만들었던 아이. 엄마가 대학원에 간 사이에 오빠에게 밥을 먹이기 위해 전기밥솥에 밥을 해 놓아 설익은 밥이지만 가족을 감동시켜 온 가족을 눈물바다로 만들었던 아이.

이 아이 뒤에는 항상 미소를 잃지 않고 아이에 대한 당당함과 신뢰와 사랑을 보여 준 엄마가 있었다. 이 엄마의 당당함은 우리 기관의 엄마들에게도 전염되어 우리 엄마들은 어찌 보면 도를 넘을 정도로 당당했다. 이 당당함은 좋은 에너지가 되어 교사들에게도 든든한 지원이 되었다. 일반적으로 장애를 가진 엄마들은 자기의 생활을 포기하는데 이 엄마는 아이에게 최선을 다하면서 자기만의 생활도 지혜롭게 잘 가꾸어 갔다. 나는 이 엄마의 모든 것이 좋았다.

엄마는 아이를 위해 가톨릭대학교 사회복지과에 편입을 하였다. 야간 공부라 힘들긴 했지만 나중에 아이를 위해 무언가를 해 주려면 사회복지를 준비해 두는 것이 좋겠다고 판단을 내린 것이다. 어느 날 늦은 밤에 걸려온 엄마에게서 전화가 걸려왔다. 남편의 부도 소식이었다. 급히 돈이 필요하다고 해서 통장에 들어있던 비상금 300만 원 중 280만 원을 받을 생각을 않고 부쳤다. 11년 전이니 꽤 큰 돈이었다. 아이는 교육비도 낼 수 없는 상황이라 무료로 교육을 계속 진행했다.

몇 달 뒤 엄마는 미안해서 도저히 못 다니겠다고 하셨다. 5년을 다녔는데 내가 그 정도 못해 주겠냐고 정 미안하면 나중에 상황이 호전되면 이자까지 합쳐서 갚으라고 아무리 만류를 해도 결국 그만 두셨다.

한 달 뒤 기관을 찾아온 엄마는 백만 원을 주고 가시면서 나머지는 언젠가는 갚겠다고 하셨다. 나는 "어릴 때부터 친정 엄마가 돈 거래는 하지 말라고 했어요. 돈 잃고 사람 잃는다고. 꼭 빌려줘야 할 경우면 받지 않을 생각하고 그냥 주라고. 그래서 처음부터 안 받을 생각으로 준 거예요. 상황이 괜찮아지면 주시고 그것 때문에 부담 갖지 마세요."라고 했지만 그 뒤 연락이 두절되었다. 지금도 난 믿는다. 언젠가는 그 당당함으로 나를 만나러 올 것을…….

엄마! 아이보다 하루만 더 살고 싶은 엄마라는 이름

## 69

# 점집과 기도원을 찾는
# 엄마

엄마들은 처음 장애 진단을 받고 나면 병원 순례를 시작한다. 그러나 두세 군데의 병원에서 같은 진단이 나오면 다음 순서로 점집을 찾는 엄마들이 많다. 막막한 마음으로 점집을 찾아가면 십중팔구 조상귀신이 씌었다고 말한 후 '굿'을 하면 말을 하게 된다고 권유를 하지만 사실 거의 협박(?)에 가깝다. 객관적으로는 아닌 줄 알면서도 이 말을 들은 엄마들은 지푸라기라도 잡는 심정으로 상당수는 천만 원에서 이천만 원을 들여 굿을 하게 된다. 물론 교사의 만류로 안하는 엄마들도 있지만 나는 이런 상담을 하게 되면 무조건 하라고 권유한다. 왜냐하면 시간이 흐르면 '그때 굿을 해 주었으면 말을 하지 않았을까'라는 미련을 가슴 한 켠에 계속 담고 있기 때문에 마음속으로는 '그래, 엄마의 정신건강 비용이야'라고 생각하면서…….

한 엄마가 시내에 있는 기도원을 다니기 시작했다. 여동생이 다니는 기도원인데 여동생은 기도원에 있으면 괜찮은데 집에만 오면 정신이 이상해서 기도원에서 생활한단다. 그래서 여동생을 만나러 갔더니 기도원에서 "여기 와서 열심히 기도하면 아이가 말을 할 수 있다."고 했단다. 묘하게도 아이가 기도원을 간지 며칠 지나지 않아 정말 발화가 시작되었다. 주변에서 볼 때는 컵에도 물이 담겨야 넘쳐 나듯 그동안의 교육효과가 나타나기 시작한 것인데 엄마는 그 기도원을 무조건적으로 믿기 시작했다. 돈도 갖다 바치고 그 기도원에서 일도 해 주면서 아예 기도원에서 살다시피 하기 시작했다. 그나마 다행인 것은 아이의 교육은 그대로 이어가고 있었다.

하루는 저녁에 엄마가 전화가 와서 내일 교육기관에 가겠다고 하면서 누가 기관을 폭발할 거라고 했다는 둥 섬뜩하리만큼 이상한 말을 했다. 찜찜한 기분이 들었지만 엄마는 오지 않았고 다음날 출근했더니 몇 엄마들에게도 전화가 걸려와 평소에 하지 않던 이상한 말들을 하더란다. 그리고 기사아저씨도 "오늘 ○○를 데리러 갔는데 아이를 데리고 나온 엄마의 눈빛이 섬뜩했고, 이상한 말을 했어요." 라고 했다. 나도 어제 이상한 말을 들었고 몇 엄마들도 들었다고 했더니 아저씨도 고개를 갸우뚱하면서 가셨다.

다음 날 아저씨가 아이를 안 데리고 왔다. 엄마 대신 아빠가 나와 있더란다. 어제 엄마를 정신병원에 입원시켜서 ○○를 언제가 될지 모르겠지만 엄마가 퇴원할 때까지 시골에 보낸다고 하셨단다. 이 얘기는 삽시간에 기관에 퍼졌고, 서로 말은 하지 않았지만 모두가 남의 일 같지 않다는 생각에 이심전심으로 모든 엄마들은 한동안 할 말을 잃었다. 지금 생각해도 가슴 아픈 일이었다.

엄마! 아이보다 하루만 더 살고 싶은 엄마라는 이름

# 엄마는 지적장애,
# 아이는 자폐증

○○ 엄마가 한 달 정도 병원에 입원해야 할 상황이라 나는 한동안 ○○를 태워 오고 태워다 주었다. 집에서 꽤 먼 거리였지만 이제 조금씩 좋아지고 있는데 한 달 동안 아이를 방치할 수는 없었다. 눈에 확 띌 정도로 서구적인 미모를 가진 엄마는 경도 지적장애였다.

아이를 맡아 주고 있는 고모에게서 결혼과 관련된 얘기를 들을 수 있었다. 자기가 봐도 좀 이상해서 그렇게 결혼을 반대했는데도 동생이 ○○ 엄마의 미모에 반해서 하더니 결국 이런 일이 생겼다고 그때 좀 더 말릴 걸 하고 하소연을 했다. 고모에게 장애를 가진 부모에게서 장애아이가 생기는 것은 아니고 그 확률은 과학적으로 누구에게나 마찬가지라고 다양한 방법으로 설득을 시키면서 옆에서 많이 도와달라고 부탁을 드렸다.

○○ 엄마는 쉬운 단어로 얘기를 할 때는 알아듣지만 어려운 용어는 이해를 잘 못하는 상태였다. 그래서 기관에서도 엄마들 사이에서 겉돌았다. 아이는 중도 자폐증이었다. 심한 자해행동과 어머니의 양육기술 부족은 아이의 장애를 더 심화시키고 있는 상황이었다.

교사! 그 아름다운 이름

아이의 자해행동은 갈수록 심해졌고, 교사가 수정하기 위해 다양한 방법으로 접근했지만 효과가 없었다. 교사가 수업을 진행하려고 하면 더 심한 자해행동을 보였다. 자해행동 자체를 수정하기보다는 오히려 원인 파악이 더 급선무였다. 알고 보니 아이는 엄마가 밥을 제대로 할 줄 몰라 아침을 굶고 왔고, 배가 고픈 상태에서 교사가 뭔가를 시키면 짜증이 나서 자해행동을 심하게 한 것이었다. 엄마에게 물어보니 남편도 굶고 가고 자기랑 아이는 기관에서 교육이 끝나면 아파트 안에 있는 분식집에서 밥을 먹고 들어간단다.

기관에서 간단한 먹거리를 준비하여 아이에게 먹인 후 수업을 진행하니 아이의 자해행동이 눈에 띌 정도로 급속히 감소하였다. 전반적인 상황을 고려한 긍정적 행동지원이 효과적이었던 것이다.

그러나 근본적인 해결책이 필요했다. 우리 기관에서 교육을 받고 있는 아이들의 어머니들을 설득해서 교육기관에서 아이들이 교육받고 있는 시간 동안만 잠깐씩 돌아가면서 ○○ 엄마의 가정생활에 대한 부분을 조금씩 도와달라고 했다.

어머니들이 집에 갔더니 거실과 베란다에 쓰레기가 놓여 있고, 이불도 옷장이 있음에도 불구하고 여기 저기 흩어져 있더란다. 청소하는 법부터 간단한 반찬을 만드는 것까지 여러 어머니들이 순번을 정해 돌아가면서 도와주셨다. 우리 어머니들도 장애를 가진 자녀를 키우다 보니 다들 발 벗고 나서 주신 것이다.

어머니들이 계속 가기에는 무리였기 때문에 자원봉사기관에 근무하고 있는 제자에게 연락을 해서 자초지종을 얘기하고 도움을 요청했다. 다행히 자원봉사자가 배치되어 지속적으로 도움을 주었다. 세상은 아직 이렇게 따뜻한 정이 흐르고 있어 우리는 감사하면서 살아야 하는지도 모른다.

# 71

# 아빠는 연구원,
# 아이는 반응성 애착장애

어느 날 아이의 손을 잡고 온 엄마가 한숨부터 쉬었다. "우리 아이가 반응성 애착장애 판정을 받았는데, 반응성 애착장애에 대한 여러 가지 자료를 찾아보다가 가슴이 덜컥했어요."라고 말문을 열었다. 그리고 긴 이야기가 시작되었다.

남편은 한국에서 손꼽는 대학을 과 수석으로 졸업했고, 부유한 가정에서 자랐으며, 흔히들 킹카라고 말하는 큰 키에 아주 잘생긴 사람이란다. 주변에선 일등 신랑감이라고 부러워했고, 단지 연애시절인데도 불구하고 무척 말이 없었지만 과묵함이 오히려 좋아 결혼을 했단다.

결혼 후 남편은 정해진 시간에 칼같이 퇴근했고, 집에 오면 물건들을 원래 있던 제자리에 정리했으며, 특히 빨래걸이에 와이셔츠의 첫 단추가 끼워지지 않은 채 걸려 있으면 꼭 첫 단추를 끼워 놓았다고 한다. 그리고 카라 티셔츠는 입지 않고 라운드 티셔츠만, 그것도 꼭 아디다스adidas 브랜드만 고집한단다. 백화점에 가서도 아디다스 매장에 라운드 티셔츠가 없으면 비슷한 스포츠 브랜드 매장에서 구입하면 되는데 그냥 돌아오곤 했단다.

아이가 진단을 받은 후 자료를 찾아보기 전까지는 연애시절 말이 없는 것은 과묵해서 그런 줄 알았고, 칼퇴근은 자기를 사랑해서 일찍 오는 줄 알았고, 물건을 제자리에 정리해 주는 것은 자기가 힘들까 봐 도와주는 것으로 알았고, 라운드 티셔츠를 고집하는 것은 취향인 줄 알았단다. 그런데 아이가 장애 판정을 받고 자료를 찾아보니 남편의 모든 것이 자폐 증상과 너무나 닮아 있는 부분이 많았다. 친정어머니가 입원해 있을 때도 마치 이웃이 병문안 온 것처럼 "쾌차하십시오."라고만 말하고 돌아가서 친정어머니가 두고두고 서운하다고 하더란다.

일반적으로 "장모님."이라는 용어를 붙일 텐데 지금 가만히 생각해 보니 호칭을 사용한 적이 없었던 것 같다고 했다. 시부모님의 생신날 온 가족이 모였는데 저녁식사 준비가 다 되자 시어머님이 정원에 있는 동생을 부르라고 남편에게 시켰단다. 창문을 열고 부르면 될 텐데 굳이 신발을 신고 나가 동생을 뒤에서 툭툭 치며 들어오라고 했단다.

지금의 연구원이라는 직업도 다른 사람들과 별 교류 없이도 혼자서 할 수 있는 일이라 하는 것 같고, 동료들을 만나 술을 한잔 한다거나 교류하는 것을 결혼하고 한 번도 못 봤단다.

그래서 자기 혼자만 끙끙 앓고 있다고 했다. 특히 시어머님은 평생 큰 아들에 대한 자랑스러움으로 자신을 지탱할 정도로 아들에 대한 뿌듯함과 애정을 가지고 있는데 감히 말할 엄두도 나지 않고 노인 분들이 자폐에 대한 얘기를 해도 이해를 못할 것이라고 했다. 더군다나 손꼽히는 대학의 과 수석 졸업자인데…….

다행히 아이는 교육을 통해 많이 호전되었지만 엄마는 여전히 수심이 가득 찬 얼굴로 하루하루를 보내며 가슴앓이를 하고 있어 나에게는 애잔한 엄마의 모습으로 각인되어 있다.

엄마! 아이보다 하루만 더 살고 싶은 엄마라는 이름

## 72

# 가족과 헤어져야 하는
# 아픔

장애아이들은 경우에 따라 가족들과 떨어져서 살기도 한다. 가족이 있음에도 불구하고 다양한 사연으로 인해 가족들과 함께 지내지 못하는 경우가 생기는 것이다. 너무 가슴 아픈 기억이기에 지워 버리고 싶지만 우리 기관에도 그런 일이 있었다.

아이는 부모가 감당하기에 너무 힘겨웠다. 어느 아이인들 장애가 있을 경우 힘겹지 않겠냐마는, 어떻게 부모가 멀쩡하게 있으면서 아이를 시설에 보낼 수 있느냐고 누구는 손가락질할지 모르겠지만 옆에서 모든 상황을 지켜본 나는 충분히 이해가 되었기 때문에 아무 말도 할 수 없었다.

한겨울에 실종되어 동사할 우려가 있는 상황이라 경찰과 부모와 우리 기관에 근무하는 모든 교사 및 엄마들이 총동원되어 더 다급하게 찾아다니다가 공사 현장에서 새벽 2시에 발견되어 가슴을 쓸어내리게 했던 아이. 심심하면 주차되어 있는 자동차에 돌을 내리쳐 하루에도 몇 십만 원의 돈을 배상하게 했던 아이. 한 부모의 집에서 모

교사! 그 아름다운 이름

임을 할 때 조용하다 싶었는데 눈 깜짝할 사이에 6층 아파트 베란다에서 고추장 단지와 간장 단지를 밑으로 떨어뜨려 일 년치 양념은 없어졌지만 그래도 지나간 행인이 없어 그나마 다행이라고 자위하게 했던 아이. 문만 열려 있으면 아무 집에나 들어가서 곱게 키운 화분들을 깨뜨려 집 주인을 놀라게 하고, 사정을 모르는 주인이 "자식을 이따위로 키우냐."고 막말을 할 때도 화난 주인 앞에서 엄마는 죄인이 되어 무릎 꿇고 사죄를 하며 배상하게 했던 아이. 이불 빨래를 해 놓으면 엄마가 잠시 집안일을 하는 사이에 이불을 꺼내 슈퍼타이를 뿌려 놓던 아이. 교실에서 문을 열고 실내화를 신은 채 살금살금 빠져나가 학교 선생님을 혼비백산하게 만들었던 아이.

더 이상 열거할 수도 없을 정도로 움직이는 곳마다 하루에도 몇 번씩 많은 사건을 일으키는 아이 때문에 엄마는 서서히 지쳐 가고 있었다. 아이가 일으키는 사고로 인해 더 이상 경제적으로도 감내하기 힘들었고, 엄마는 극단적인 선택을 해야 하는 기점까지 다다랐다. 오랜 시간의 고민 끝에 결국 엄마는 아이를 시설에 보내는 선택을 하게 된 것이다. 엄마는 아이를 보내는 마지막 순간까지 최선을 다해 여기 저기 아이에게 가장 좋은 시설을 찾아 몇 달을 헤매다 한 곳을 결정하고 아이를 보내게 되었다.

아이를 떠나보내던 날, 엄마랑 나는 참 많이 울었다. 엄마는 가슴을 쥐어뜯으며 울고, 나는 그런 엄마를 달래며 울고 또 울었다. 이

엄마! 아이보다 하루만 더 살고 싶은 엄마라는 이름

글을 쓰는 순간에도 그때가 떠올라 저절로 눈물이 흐른다. 누가 엄마를 강하다고 했던가? 엄마도 한 사람의 나약한 인간일 뿐인데 우리는 세상의 엄마들에게 강하다는 올가미를 씌우고 엄마의 삶을 저당 잡히라고 강요하고 있는 것은 아닌지 모르겠다.

교사! 그 아름다운 이름

## 73

# 엄마는
# 고장 난 브레이크

　지푸라기라도 잡고 싶은 심정이 느린 아이를 가진 엄마들의 공통된 마음이다. 우리 사회의 곳곳에는 이러한 엄마의 취약점을 이용해서 돈벌이를 하는 곳이 산재해 있다. 적게는 몇 백만 원에서 많게는 수천만 원짜리 굿을 하게 유도하기도 한다.

　어떤 아이가 머리에 침을 맞고 완치되었다는 풍문이 돌아 우리 기관에서 부천까지 봉고차를 대절해서 치료를 다니기도 했다. 그리고 ○○시의 요육원에 완치된 아이가 있다는 소문이 돌아 제주에서 심지어는 외국에서도 비행기를 타고 오고, 우리 엄마들도 예외 없이 한동안 몰려가기도 했다. 한약을 먹이면 상태가 좋아진다는 ○○ 한방 병원을 거쳐 가기도 한다.

　느린 아이를 키우는 엄마들은 어느 곳이든 아이에게 좋다는 소리만 들리면 출발선에 선 마라톤 선수처럼 언제든지 달려갈 준비가 되어 있다. 하루 한 알에 십만 원씩 하는 한약을 복용시키고 침과 병행 치료하면서 누구에게 말하면 약효가 떨어지니 비밀로 하라는 말에 입을 꾹 다무는 엄마들, 추나 요법에 온몸에 멍이 든 아이를 보면서

엄마! 아이보다 하루만 더 살고 싶은 엄마라는 이름

가슴은 아프지만 혹시나 하는 마음에 미련을 버리지 못하고 치료를 멈추지 못하는 엄마들, 어느 인터넷 카페에 호전된 아이의 사진이 올라오면 수도 없이 그 기관을 알려 달라는 댓글의 행진이 이어진다.

느린 아이를 가진 엄마들의 공통점은 객관적으로 알고 있으면서도 혹시나 하는 마음에 듣고 시도해 보지 않으면 엄마의 역할을 제대로 못하는 것 같아서 불안하다. 그래서 아이와 관련된 것이라면 브레이크를 걸지 못하는 경우가 다반사이다. 이러한 마음을 이용하여 여기저기 사기꾼 같은 사람들이 판을 쳐도 우리 엄마들은 속수무책으로 당한다. 아이보다 잿밥에 관심이 더 많은 상업적인 교육기관도 판을 친다. 몇 번을 당하고도 미련을 버리지 못하고 엄마이기에 실낱같은 희망 하나를 부여잡고 오늘도 어디든지 달려간다. 마치 고장 난 브레이크처럼.

# 74

# 열 가지
# 엄마의 유형

엄마의 유형은 참 다양하다. 그래서 요즘 교사들은 아이의 유형만큼이나 다양한 엄마들 때문에 너무 힘이 든다고 한다. 엄마들도 나는 어떤 엄마이고 어떤 모습의 엄마가 되어야 하는지를, 교사들도 엄마의 유형을 이해하고 어떻게 대처해야 하는지를 고민해 보는 것도 의미 있을 것이다. 시중에서 회자되는 엄마의 유형은 다음과 같다.

첫째, 헬리콥터 맘helicopter mom이다. 이 용어는 1990년 정신과 의사 포스터 클라인Foster W. Cline과 자녀교육 전문가 짐 페이Jim Fay의 『사랑과 논리로 키우기: 아이들에게 책임감을 가르치는 법』이라는 책에서 나왔다. 마치 헬리콥터처럼 평생을 자녀 주위를 맴돌며 자녀와 관계된 일이라면 무엇이든지 발 벗고 나서는 자녀를 과잉보호하는 엄마를 의미한다. 이들은 자녀의 숙제를 대신해 주기도 하고 학교 일에도 관여를 하며 아이의 교우관계뿐만 아니라 대학에서의 수강신청 및 학점도 챙긴다. 심지어 대학 졸업 후 취업한 직장의 출퇴근 시간, 업무 분담, 부서 배치까지도 관여한다. 헬리콥터 맘이라는 개념은 우리나라 교육에 있어 엄마의 치맛바람과 뜨거운 교육열의 단면을 보여주는 대표적인 용어라고 할 수 있다.

　조선의 명성황후는 대표적인 '헬리콥터 맘'이다. 순종은 왕이 되고 나서도 명성황후가 직접 밥을 챙겨 먹이는 등 즉위 내내 어머니의 강력한 보호를 받았다.

　둘째, 알파 맘Alpha mom이다. 아이에게 모든 것을 올인All in하며 아이의 재능을 발굴해 아이가 다양한 경험을 할 수 있도록 해 주는 것이 엄마의 역할이라고 생각한다. 그러므로 주변의 정보를 탄탄하게 수집하여 체계적으로 학습을 시킨다. 따라서 정보력과 더불어 경제력도 갖추고 있는 경우가 많다. 흔히 '강남 엄마'로 지칭되기도 한다.

　셋째, 베타 맘Beta mom이다. 아이가 놀면서 지적호기심을 채워가는 과정이 공부라고 생각한다. 그러므로 자녀가 원하는 삶을 살 수 있도록 옆에서 조언해 주고 아이 스스로 행복한 길을 찾을 수 있도록 지켜봐 주고 격려해 준다. 알파 맘과는 반대되는 개념이다.

　넷째, 타이거 맘Tiger mom이다. 이 용어는 중국계 이민 2세인 미국 예일대 교수 에이미 추아Amy Chua가 중국식 교육법을 집필한 『호랑이 엄마의 군가』라는 책에서 나왔다. 호랑이처럼 엄격하고 지나칠 정도로 혹독하게 아이를 교육하는 엄마를 지칭한다.

　다섯째, 스칸디 맘Scandi mom이다. 이 용어는 2011년 영국 『더 타임스』에 기재된 '타이거 맘은 잊어라, 스칸디 대디가 온다.'에서 나왔다. 북유럽의 스칸디나비아식 자녀양육을 지향하는 스칸디 맘은 자연친화적이며 자녀와의 정서적 유대감과 자녀의 자율성을 중요시 여기며 조력하는 입장을 지지한다. 타이거 맘과 반대되는 개념이다.

여섯째, 캥거루 맘Kanggaroo mom이다. 캥거루처럼 자녀를 과잉보호하며 자녀의 주변을 헬리콥터 맘처럼 맴도는 것이 아니라 자녀를 아예 품고 산다. 그래서 자녀도 부모에게 지나치게 의존하여 '마마보이' '마마 걸'이라는 용어를 만들어 내기도 했다.

일곱째, 돼지 맘Pig mom이다. 알파맘보다 훨씬 많은 영향력을 가지고 있는 이들은 입시 정보뿐만 아니라 유명한 학원 및 강사에 대한 정보를 줄줄이 꿰고 주변 엄마들을 이끌고 다녀 학원가에서조차 가장 두려워하는 엄마이다. 그래서 많은 엄마들은 돼지엄마와의 연을 어떻게든 만들어 정보를 알고 싶어 하고, 돼지엄마에게 외면 당하는 것을 두려워하기도 한다. 우리 아이가 다니던 학교에도 유명한 돼지엄마가 있어 웃지 못할 사건이 많이 벌어지기도 했다.

여덟째, 빗자루 맘Broom mom이다. 빗자루 맘은 아이가 자기 주도적으로 할 수 있도록 자녀의 성장과정에 장애가 될 수 있는 부분만 치워 주고 능동적으로 자랄 수 있도록 지원한다. 그래서 자녀가 스스로 도움을 요청하거나 위험한 경우 등 필요한 경우에만 개입하므로 간섭을 최소화한다.

아홉째, 여미마미Yummy mummy이다. 자녀보다 더 빛나는 엄마로 유행에 민감하여 빠르게 대응하고 외모에도 아낌없이 투자한다. 그러므로 동안을 유지하고 있는 젊은 엄마, 또는 중년임에도 불구하고 건강과 매력을 가지고 있어 주변으로부터 많은 관심을 받는 엄마들을 일컫는다.

열째, 하키 맘Hockey mom이다. 하키를 배우는 자녀를 위해 차로 경

엄마! 아이보다 하루만 더 살고 싶은 엄마라는 이름

기장에 데려다 주고 경기를 따라다니며 연습 과정을 지켜보는 열성적인 엄마를 지칭하면서 등장한 용어이다. 자식을 위해 뭐든지 하고 열심히 사는 억척스런 엄마로 한국 어머니와 비슷하다. 알래스카 최초의 여성 주지사로 2008년 미국 대통령 선거 공화당 부통령 후보로 지명된 세라 페일린이 자신을 하키 맘이라고 밝히면서 더 널리 알려진 용어이기도 하다.

이 외에도 엄마의 유형과 관련된 신조어들은 계속 생성되고 있다. 실례로 방목 맘을 비롯하여 인공위성 맘, 에코 맘, 슈퍼그랜드 맘 등이 등장하였으며, 심지어 자녀가 저지르는 모든 사고까지 뒷수습해 주는 '제설차 부모'라는 신조어도 있다. 이처럼 유독 엄마와 관련된 새로운 용어가 생기는 이유는 아직도 여전히 교육의 중심에 아빠보다는 엄마가 서 있기 때문일 것이다.

교사! 그 아름다운 이름

# 일상!
# 그루터기가 되어
# 마주한 이름

　　'그루터기'는 나무가 잘려도 뿌리와
함께 제자리에 남는 나무줄기의 아랫부분으로 국어사전에 보면 '풀
이나 나무 따위의 아랫동아리. 또는 그것들을 베고 남은 아랫동아
리'를 의미한다. 그래서 밑바탕이나 기초를 비유적으로 이르는 말이
기도 하다.

　나는 언젠가 심리검사를 했는데 나를 가장 잘 상징하는 단어로 '그
루터기'가 나왔다. 그래서 나는 '그루터기'라는 단어를 참 좋아한다.
왜냐하면 '그루터기'는 또 다른 생명을 탄생시킬 수 있기 때문이다.
내 삶에서 마주보게 되는 생각들은 내 삶의 '그루터기'가 되어 나를
지탱해 주는 기반이 되기도 하였다.

**행복하기를 바라는 모든 사람들에게 쓰는 편지**

## 세상에서 제일 행복한 사람은

강준민

세상에서 제일 행복한 사람은
단 한 사람에게라도
사랑을 받는 사람입니다.

이 세상에서 진실한 친구가
한 사람이 있는 사람은
행복한 사람입니다.

이 세상에서 가장 아름다운 사람은
마음씨가 따뜻한 사람입니다.

이 세상에서 가장 부유한 사람은
가슴이 넉넉한 사람입니다.

이 세상에서 가장 착한 사람은
먼저 남을 생각하는 사람입니다.

이 세상에서 가장 용기 있는 사람은
용서할 줄 아는 사람입니다.

이 세상에서 가장 필요한 사람은

교사! 그 아름다운 이름

삶을 성실히 가꾸는 사람입니다.

이 세상에서 가장 지혜로운 사람은
사랑을 깨달은 사람입니다.

이 세상에서 가장 훌륭한 사람은
이 모든 것을 행하는 사람입니다.

이 세상에서 가장 행복한 삶은
모든 것을 긍정적으로
살아가는 사람입니다.

(후략)

세상에서 가장 행복한 사람이 되어 다른 사람들과 더불어 살 줄 아는 삶을 영위하고 싶습니다. 그러면 부유함과 배려와 나눔이 저절로 짝꿍이 되어 함께 하겠지요. 세상에서 가장 훌륭한 사람이 되어 소소한 것에도 감사할 줄 아는 삶을 가꾸고 싶습니다. 그러면 저절로 긍정과 기쁨과 용서가 선물처럼 찾아오겠지요.

살다 보면 포기하고 싶고, 내 마음 알아주지 않아 내려놓고 싶은 날도 많이 있겠지요. 우리가 태어날 때 혼자 울고 있었지만 주변 사람들에게는 기쁨이 되었듯이, 우리가 떠날 때는 주변 사람들이 "당신이 있어서 참 행복했다."라는 말을 들을 수 있는 그런 인생을 살고 싶은 여러분에게 드리는 편지입니다.

# 75

# 나의
# 수업 철학

나는 교사를 배출하는 교수로서 아동복지전공 학생들에게 세 가지 규칙을 적용하고 있다.

첫째, 강의시간이 시작되면 강의실 문을 잠근다. 그리고 강의실 문을 잠그는 이유에 대해 정확하게 설명해 준다. 한 명이 문을 열고 들어올 때마다 학생들은 문을 쳐다보게 되고 들어오는 시간이 1분이면 40명이 돌아보았을 때 1분의 시간이 아니라 40분의 남의 시간을 도둑질하는 거라고 말한다. 그러므로 미리 준비하고 들어와 있는 학생들에게 피해가 가지 않도록 지각할 것 같으면 아예 집에서 늦게 출발하라고 한다.

혹자는 '학습권 침해'라고 말할지 모르지만 내 학습권이 중요하면 다른 학생들의 학습권도 침해받지 않아야 한다. 그리고 또 하나, 나는 방학 동안 15주차 수업을 미리 준비하고 오기 때문에 강의를 들을 자세가 되어 있는 사람은 시간에 맞추어 와야 하는 것이 기본 예의라고 말한다.

나는 항상 강의 15분 전에 들어가서 미리 수업을 준비해 놓고 시간이 남으면 커피 한 잔을 마시거나 학생들과 간단한 담소를 나눈

교사! 그 아름다운 이름

다. 이런 모습을 3년 내내 본 학생들은 내가 말하지 않아도 교사가 되면 수업 전에 미리 들어가서 준비해야 함을 몸소 깨닫는다. 백 마디의 말보다 실제 행동으로 보여 주는 것이 훨씬 효과적이다. 그래서 우리 과 학생들이 취업한 곳을 방문하면 대부분의 원장님들은 선생님이 미리 와서 수업 준비를 해 놓는다고 칭찬하신다. 직접 보여 준 모델링의 힘이 현장에서 발휘되고 있는 것이다.

둘째, 내 수업시간에는 휴대폰을 보는 것이 금지되어 있다. 그래서 휴대폰을 사용하다 걸리면 연구실에 곱게 모셔 놓고 있을 테니 일주일 후 가져가거나 아니면 −5점을 적용하는 것 둘 중 하나를 선택하라고 한다.

이것은 요즘 유아교육기관의 상당수가 출근해서 휴대폰을 바구니에 넣어 두었다가 영유아들의 낮잠시간에 잠깐 돌려주고 다시 반납했다가 퇴근 때 찾아가도록 하고 있기 때문이다. 그래서 현장에 미리 적응시키는 효과와 더불어 수업에 대한 집중도를 높이기 위한 하나의 방안이다. 뿐만 아니라 수업 중 휴대폰을 사용하지 않는 것은 타인에 대한 배려이기도 하기 때문이다.

셋째, 잠자거나 떠드는 학생이 없다. 졸리면 일어나서 강의실 뒤에 가서 뒷짐을 지고 걸어 다니다가 잠이 깨면 앉으라고 한다. 그리고 옆 친구랑 꼭 할 말이 있으면 모든 학생들이 공유할 수 있도록 손을 들고 일어나서 말하라고 한다. 그리고 내가 돌아다니면서 강의를 하거나 조는 학생 옆에서 강의를 하기 때문에 졸거나 떠들 수가 없다.

일상! 그루터기가 되어 마주한 이름

이 세 가지 규칙만 지켜 주면 나머지는 자유롭게 알아서 강의를 들으라고 한다.

나는 학생들에게 교사로서 갖추어야 할 교육을 철저하게 시키고 있다. 교사는 생명을 키우는 직업이다. 그러기에 지식보다는 가슴으로 아이를 안을 수 있는 따뜻한 가슴을 가진 교사를 양성하려고 하며, 교사로서의 철학을 정립시키기 위해 노력한다.

학기를 마친 후 강의평가를 보면 휴대폰 금지에 대해 수업 분위기가 너무 좋아졌다고 말하는 경우도 있지만 가끔씩 다수의 학생들이 불만을 토로한다. 그래서 15년 동안 고수해 오던 원칙을 깨고, 요즘 학생들의 성향을 고려하여 휴대폰 압수 기간을 일주일에서 3일로 단축시켜 주었다. 아마 다른 과에서 이렇게 했으면 내가 쫓겨났을지도 모른다. 사회복지와 보육을 전공하는 학생들인지라 기본적으로 좋은 품성을 가지고 있었기에 가능했을 것이다. 나머지 원칙은 지금도 고수하고 앞으로도 지켜갈 것이다.

내 제자들이 현장에서 만나는 아이들에게 "난 세상에서 선생님이 젤 좋아. 우리 선생님이 최고야."라는 말을 들을 수 있는 그날까지.

교사! 그 아름다운 이름

# 76

# 가드너의 다중지능이론과
# 나

가드너의 다중지능이론은 지능에 대한 기본적인 인식을 바꾸어 놓는 계기가 되었다. 전통적인 지능이 지능을 측정하는 데 한계를 가지고 있는 반면 다중지능은 누구나 장점과 단점을 가지고 있다는 관점에서 사람의 귀함과 사람에 대한 가치를 다시 생각해 보게 해 주는 이론이다.

누구에게나 장점과 단점이 있다는 것은 인간을 평등이라는 관점에서 다시 보게 되고 누구나 존중받고 사랑받을 가치가 있음을 중요하게 여긴다. 따라서 교사는 모든 아이에게 장점과 단점이 공존하고 있다는 사실을 인식하고 장점은 더욱 키워나갈 수 있도록, 단점은 최소화시킬 수 있도록 노력해야 할 것이다. 그리고 가능하다면 단점을 장점으로 보는 눈도 가져야 할 것이다.

나는 운전 경력이 30년이 넘었지만 아직 고속도로에 단 한 번도 나가 본 적이 없다. 일 년에 5,000km를 넘는 적도 없어 그린 마일리지로 보험료도 돌려받는다. 5년을 타고 팔았던 차는 총 주행거리가

7,000km여서 중고차 매매에서 조작한 것 아니냐는 오해를 받기도 하였다.

차를 새로 구입한 후 어느 날은 비가 오는데 와이퍼를 작동시키지 못해 길가에 차를 세워 놓고 딜러에게 전화를 한 적도 있다. 에어컨을 틀 줄 몰라 더운데 땀을 뻘뻘 흘리고 운전해서 다른 사람이 작동법을 알려 주기도 한다. 창에 서리는 김을 제거하는 방법을 몰라 겨울에 추위에 떨며 창문을 열어 놓고 운전한 적도 있다.

심지어 주차도 두 대가 비워져 있는 공간이 아니면 한참을 헤맨다. 이것이 싫어서 주차 공간을 편안하게 확보하기 위해 학교에 일찍 출근한다. 더 심한 경우는 아이를 태워다 주고 온 후 그 주차 공간이 그대로 비어 있어도 들어갈 수 없어 두 칸이 비어 있는 곳을 찾아 헤매는 불편을 겪는다. 정문 주차장으로 나가면 출근길이 훨씬 빠른데도 불구하고 약간 꼬불거리는 길이 무서워서 직선으로 된 후문 주차장으로 빙 돌아 출근한다.

나는 비싼 강의료를 준다는 특강이 들어와도 특강료가 욕심나긴 하지만 내가 운전해 본 길이 아니면 과감하게 거절한다. 차에는 내비게이션 두 대를 곱게 모셔(?)놓고 다니지만 장식품에 가깝다. 내비게이션을 작동해도 200m 앞에서 우회전하라고 하면 100m에서 미리 우회전을 하고는 우회전과 좌회전이 헷갈리는 과정을 반복해서 길에서 1시간 이상을 헤매기도 한다.

집에서 가까운 대학에 1년에 5번 정도 매년 강의를 하러 가지만 집 주변의 다른 곳에서 출발하면 여지없이 찾아가지 못한다. 오죽

교사! 그 아름다운 이름

하면 코란도를 운전할 때는 1년마다 자동차 검사를 해야 하는데 주변으로 이사한 후 검사장을 찾지 못해 30분 이상을 헤매다 결국 집으로 돌아가 예전에 살던 아파트로 가서 다시 출발하여 검사를 받고 온 경우도 있다.

차의 오디오도 운전을 하면서부터 지금까지 한 번도 틀어 본 적이 없어 아직도 오디오를 틀 줄 모르고 어디에 위치해 있는지도 관심이 없다. 노래에 관심이 없기 때문에 끝까지 아는 가사도 없다. 그래서 난 신입생들에게 우스갯소리로 노래 잘 하는 사람도 싫고, 나보고 노래방에 가자고 하면 F학점을 준다고 한다.

스마트폰이 두려워 아직도 폴더폰을 사용한다. 폴더폰이긴 하지만 카카오톡이 되는데 방법을 몰라 사용하지 않다가 근래에 와서 배웠다. 그래도 카톡은 거의 사용하지 않는다.

가끔씩 지인이 따뜻한 차 한 잔하라고 차를 보내거나 혹은 여름에 더운 가슴 식히라고 아이스크림을 카톡으로 보내도 선물을 보낸 줄조차 모르고 지내다가 몇 달이 지나서 우연히 카톡을 보게 되어 사과를 한 경우도 있다. 상대방은 너무 작은 선물을 보내서 돌려보낸 줄 알고 민망해서 말도 못하고 있었다는 것이다.

괜한 오해로 상대를 불편하게 만들고 내가 스마트폰이 불편해서 사용하지 않는 것이 나의 이기심 같고 마음이 편치 않아 스마트폰으로 바꾸려고 몇 번 시도를 했다가 겁이 나서 결국 포기하고 돌아온다.

숫자도 젬병이다. 뒤에 천 원, 만 원으로 단위가 쓰여 있으면 숫자를 잘 읽을 줄 모른다. 그리고 긴 숫자는 학생들에게 솔직하게 얘기한 후 과 대표에게 대신 읽어달라고 한다. 연구사업을 하게 되는 경우 돈이 나와도 숫자를 계산하고 영수증 붙이는 것이 불편해서 돈은 한 푼도 안 쓰고 그대로 돌려준다.

그러나 이런 단점이 무조건 단점으로 작용하는 것은 아니다. 우리 속담에 '이빨이 없으면 잇몸으로 산다'고 하지 않던가? 이런 단점 덕분에 많은 모임들은 주로 우리 집 주변에서 이루어지거나 대부분 집으로 모시러(?) 와서 시간이 절약될 때가 너무 많다. 입시 감독 때 휴대폰을 놓고 들어가면 나올 때 폴더폰이라 쉽게 구분이 되어 기다리지 않고 받아온 적도 있다. 주변 사람들은 그런 허점이 있어야 인간다워 보인다고, 내가 실수를 하거나 오히려 단점이 두드러질 때마다 더 가까이 다가오고 친근해하며 좋아한다.

나는 이런 나를 다중지능검사를 하고 난 후 이해하게 되었다. 검사 결과 음악과 공간지각이 거의 제로에 가깝게 나왔다. 그러나 자아성찰을 비롯한 대부분의 지능이 높다. 장점도 많이 가지고 있다. 생명의 귀함을 알고, 작은 것의 소중함도 놓치지 않는다. 남을 배려하고 나눌 줄도 알며 웬만한 것은 거의 완벽에 가깝게 효율적으로 일을 잘 처리하기도 한다. 나를 아껴 주고 신뢰해 주는 주변의 인적 자원도 풍부하다.

무엇보다 중요한 것은 다중지능이론으로 인해서 나에 대한 자긍심과 자존감을 그대로 유지할 수 있었다는 것이다. 내 단점이 불편할 때마다 '그래 사람들은 누구나 각자 잘하고 못하는 것도 있는데 뭐'라고 생각하며 나를 위로할 수 있게 되었다. 그리고 가장 중요한 것은 사람이, 아이가 각자 가지고 있는 모습을 있는 그대로 수용할 수 있게 되었다는 것이다.

일상! 그루터기가 되어 마주한 이름

# 놓을 줄
# 아는 삶

　나는 '단동십훈' 중에 '지암지암持闇持闇'을 가장 좋아한다. 흔히 '잼 잼'이라고 많이 사용한다. 나도 '지암지암' 보다 '잼잼'에 익숙해져 있 다. '잼잼'은 두 손을 쥐었다 폈다 하는 동작을 되풀이하면서 "쥘 줄 알았으면 놓을 줄도 알라"는 깨달음을 은연중에 가르치는 것이다. 우리는 태어나면서 아무것도 소유하지 않고 태어났듯이 떠날 때도 빈손으로 가야 한다. 그럼에도 불구하고 우리는 살면서 종종 이러한 사실을 잊어버리고 산다.

　언젠가 태국에 여행을 갔을 때 여행 가이드가 들려준 말이 내 기 억 속에 오랫동안 자리 잡고 있다. 가이드는 태국에서 원숭이를 잡 는 방법을 알려주었다. 원숭이가 가장 좋아하는 것은 바나나가 아 니라 쌀이어서 원숭이가 잘 다니는 나무에 원숭이 손이 들어갈 만큼 구멍을 내고 그 속에 쌀을 집어넣는다. 그러면 원숭이가 쌀을 먹기 위해 나무에 손을 집어넣는데, 그 순간 사람들이 원숭이를 잡는다고 한다. 원숭이는 처음에 나무에 손을 넣었던 것처럼 손을 빼면 도망 갈 수 있는데 손에 잡은 쌀을 놓치지 않기 위해 주먹을 쥔 채로 구멍

교사! 그 아름다운 이름

에서 손을 빼려고 하다가 빼지 못해서 결국 잡히고 만다.

이 얘기를 듣고 나는 많은 생각을 하면서 나의 삶을 되돌아보았다. 우리는 살면서 놓아야 할 때를 잘 판단하지 못해 낭패를 보는 경우가 다반사임을, 그때 놓았으면 좋았을 것이라고 가끔 후회를 한다. 그럼에도 불구하고 같은 상황을 되풀이하는 우를 범하기도 한다.

법륜 스님도 '손에 든 찻잔이 뜨거우면 그냥 놓으면 됩니다. 그런데 사람들은 뜨겁다고 괴로워하면서도 잔을 놓지 않습니다.'라고 인간의 어리석음을 꼬집었다.

움켜쥔다고 다 내 것이 아니고 가져갈 수 없음에도 이에 대한 미련을 버리기가 쉽지 않다. 미련이라는 것이 묘해서 쉽사리 버려지지도, 떨쳐 버리지도 못한다. 마치 거머리처럼 찰싹 붙어서 나의 삶을 갉아먹고 있음을 알면서도 떨쳐 버리기가 쉽지 않다.

그래서 나는 날마다 소유보다는 놓을 줄 아는 삶을 꿈꾼다. 원숭이처럼 놓지 못해 결국 잡혀서 평생 자유를 잃고 사람들의 구경감으로 전락하게 되는 우를 다시는 범하지 않기 위해 나를 다독이고 반추하며, 놓을 줄 아는 삶을 영위하기 위해 오늘도 어린아이처럼 거듭 연습한다.

일상! 그루터기가 되어 마주한 이름

# 특수교사가 된
# 제자의 주례

　내가 계획한 인생 목록 중 하나는 가장 아끼는 제자에게 단 한 번만의 주례를 서는 것이다. 그런데 이 계획은 생각보다 빠르게 나이 50도 되기 전에 다가왔다.

　평소 아끼던 제자가 졸업 후 다른 곳에서 1년 동안 근무하다가 친한 친구가 근무하고 있는 장애전담 어린이집에 장애영유아를 위한 보육교사로 근무하게 되었다.

　어느 날 이 제자가 찾아와서 주례를 부탁했다. 정중히 거절했지만 이 제자는 자신의 사연을 털어 놓았다. 입학을 하기 전 간호조무사로 일하면서 병원에서 알게 된 남자친구가 있었고, 남자친구의 권유로 직장생활을 접은 후 우리 대학의 사회복지과에 입학을 했었다고 한다. 그러나 한 학기를 다녀보고 적성에 잘 맞지 않는 것 같아서 자퇴를 하려고 남자친구와 의논을 했단다. 남자친구가 그래도 어렵게 시작을 했는데 한 학기만 다녀보고 결정하는 것은 너무 성급한 것 같다고 1년을 다녀 보고 그래도 안 맞으면 자퇴를 하라고 간곡히 권유하더란다.

그러다가 2학기에 '특수교육학개론'이라는 과목을 통해서 나를 만나게 되었고, 특수교육에 대한 수업을 들으면서 특수교사가 되고 싶다는 꿈을 가지게 되어 자기 인생의 진로가 정해졌단다. 당시 우리 과는 '특수교사 인정교사' 자격을 받을 수 있는 교과목이 개설되어 있었다.

이 제자는 나로 인해 자신의 인생이 바뀌었기 때문에 꼭 내가 주례를 해 줘야 된다고 부탁하였고, 나도 사연을 듣고 주례를 허락하였다.

주례사에 대해서 고민을 하다가 손 나라 재상지한에 대한 얘기를 주례사로 정했다. 어느 날, 손 나라 재상지한에게 상인이 희귀한 보석을 가져와서 뇌물을 바치지만 재상은 자기에게는 그 비싼 보석보다 더 값진 보석이 있다고 말한다. 바로 값비싼 보석을 보고도 탐낼 줄 모르는 마음이다. 재상지한은 자기가 보석을 받게 되면 상인도 값비싼 보석을 잃게 되고, 자기도 마음의 보석을 잃게 되니 거절해서 돌려보냈다는 이야기를 들려주면서 두 사람도 자녀에게 이와 같은 마음의 보석을 유산으로 남겨줄 수 있는 행복한 부부가 되어 달라는 주례사를 했다.

결혼식은 마치 축제 같았다. 제자들이 나와서 춤을 추는 동안 신부가 갑자기 부케를 내 앞에 놓더니 신랑을 데리고 가서 함께 춤을 추는 신랑 모르게 준비한 깜짝 이벤트가 준비되어 있었고, 다 함께 중앙에서 춤을 추는 동안 축하해 주러 온 하객들도 처음 접하는 광경에 덩달아 신이 나서 모두 장단에 맞추어 박수를 치면서 흥겹게 결혼식이 마무리되었다. 축의금만 전달하고 빠져나가는 어수선한 식장의 분위기와는 근본적으로 달랐다.

결혼 후에도 제자는 현장에서 특수교사로 근무하면서 사이버대학교에 편입을 하여 언어치료를 전공한 후 대학원도 언어치료과로 진학해서 지금도 특수교육현장에서 아이들과 함께 행복한 교사로 자신을 잘 가꾸어 가고 있다.

이후 제자와의 관계는 지속되었고 아이의 백일에도 얼굴을 보고 돌잔치에도 초대를 받았다. 이제는 현장의 동료로 관계를 지속하고 있다. 제자의 사촌동생도 언니의 영향을 받아 우리 과에 입학하였다. 처음에는 사촌 관계인 줄 몰랐으나 입학하기 전 언니 결혼식 때 나를 보았다고 시간이 지난 후 고백했다. 제자의 사촌동생도 3년 동안 나와 함께 지낸 후 현재 장애통합 보육교사로 일하고 있다. 그리고 사촌언니처럼 자기 주례는 꼭 내가 서 줘야 한다고 말한다. 나는 인생에서 단 한 번의 주례가 내 계획이었다고 말하지만 아름다운 만남이지 않은가?

교사! 그 아름다운 이름

## 행복이라는 것은

　우리는 살면서 자신이 얼마나 행복한지를 잊어버리고 살 때가 너무 많다. 조금만 여유를 가지고 돌아보면 감사하고 행복한 일은 일상에서 얼마든지 발견할 수 있다. 아침에 떠오르는 태양을 보고 차한 잔을 마시는 여유, 출근해서 마주하는 아이들의 해맑은 미소, 나른한 오후에 마시는 한 잔의 커피 향. 생각해 보면 얼마나 감사하고행복한지 나는 스스로에게 "행복하다, 행복하다"라고 자주 되뇌게된다.

　우리는 행복이 가까이 있음에도 불구하고 너무 크게 생각해서 행복한 줄 모르고 지나쳐 버리는 경우가 많다. 그러나 생각해 보라. 푸른 하늘을 볼 수 있는 눈이 있고, 소중한 사람이 있고, 친구가 있고, 추억이 있고, 감사할 수 있는 마음이 있고, 우리가 살아 숨 쉴 수 있다는 것만으로도 얼마나 행복한지를…….

　쿠르트 호크는 저서 『나이 들면 알게 되는』에서 이렇게 고백했다. '아마도 나는 너무나도 멀리서 행복을 찾아 헤매고 있나 봅니다. 행복은 마치 안경과 같습니다. 나는 안경을 보지 않습니다. 그렇지만 안경은 나의 코 위에 놓여 있습니다. 그렇게도 가까이!' 쿠르트 호크가 말한 것처럼 우리는 소소한 것, 작은 것에 대해서는 감사를 잃어버리고 행복인 줄을 모르고 지나갈 때가 많다. 인간의 어리석음이 시간이 지나고 난 후에 행복인 줄 알게 되는 경우가 다반사 아니던가?

나는 저녁마다 살아 있음을 감사드린다. 그리고 아침에 눈 뜸을 감사드린다. 그리고 때로는 다른 사람이 보내는 미소 하나에도 행복해 한다. 이름 모를 들꽃을 보면서도 감사하고, 친구가 건네주는 커피 한 잔, 제자가 건네주는 국화 한 송이에도 감동하면서 행복해한다. 그리고 퇴근길 우연히 보게 된 저녁놀을 보면서도 감사해한다.

살아 있다는 사실 하나만으로도 감사할 수 있는 하루하루가 나에게는 무엇하고도 바꿀 수 없는 행복이다. 그래서 사소한 일에도 감사할 때가 너무 많다. 작은 것에서부터 행복할 줄 아는 마음. 작아서 더 소중하고, 살아 있어 바람결을 느낄 수 있다는 것이 고마워서 눈물이 날 것 같은 세상에서 나는 온몸으로 행복을 받아들이고 느낀다.

플라톤은 행복의 조건에 대해서 이렇게 말했다. 첫째, 먹고 입고 살고 싶은 수준에서 조금 부족한 듯한 재산, 둘째, 모든 사람이 칭찬하기에 약간 부족한 용모, 셋째, 자신이 자만하고 있는 것에서 사람들이 절반 정도밖에 알아주지 않는 명예, 넷째, 겨루어서 한 사람에

교사! 그 아름다운 이름

게 이기고 두 사람에게 질 정도의 체력, 다섯째, 연설을 듣고서 청중의 절반은 손뼉을 치지 않는 말솜씨라고 했다.

생각해 보면 나도 완벽한 것이 아니라 조금씩 부족해서, 어쩌면 많이 부족해서 행복의 조건을 다 갖추고 있는 것 같다. 채워가야 할 것이 있기 때문에 행복한 것 같다. 그럼에도 불구하고 우리는 다 갖추어야 다 가져야 행복하다고 생각하고 있었던 것은 아닐까?

행복하기 위해서는 먼저 감사할 줄 아는 마음을 가지고 있어야 한다. 그래서 나는 오늘도 순간순간 감사하며 가만히 되뇌어 본다. "행복하다, 행복하다. 나는 행복하다."라고. 그리고 행복하기 위해서 최선을 다하고, 행복하기 위해서 유일한 존재인 나와 남들을 비교하지 않으며 최일도 목사님의 어머님이 들려주셨던 청원기도보다는 감사의 기도를 잊지 않는다.

### 감사의 기도

산길을 가다 우연치 않게 호랑이를 만난 순례자가 기도했습니다.
"하느님, 제발 저를 살려 주세요!"
그런데 호랑이도 이렇게 기도하는 것이었습니다.
"하느님, 일용할 양식을 주셔서 감사합니다."
과연 하느님은 누구의 기도를 들어주셨을까요?

일상! 그루터기가 되어 마주한 이름

'밥퍼 목사' 최일도 다일공동체 대표는

초등학생 시절 이 유머 퀴즈를

어머니에게 처음 들었습니다.

조르고 졸라도 빙긋이 미소만 짓던 어머니가

사흘 후에야 결과를 말씀해 주셨지요.

"호랑이가 순례자를 맛있게 잡수셨단다."


깜짝 놀란 아들에게 어머니가 설명한 이유는

다음과 같았습니다.

"일도야, 하느님은 '청원기도'보다 '감사기도'를 먼저 들으신단다."

# 작은 케이크
# 한 조각

경기 꿈의 대학은 경기도에서 고등학생들의 진로 탐색을 위해 열어준 강좌였다. 나는 '대한민국의 유아교육과 특수교육은 나에게 맡겨라'라는 강좌명으로 고등학교 1학년과 2학년 학생들을 만났다. 이 강좌를 하면서 만나게 되었던 아이들은 '교사'라는 꿈을 가지고 강좌를 들으러 멀리 안산에서 2시간씩 걸려서 오기도 했고, 용인에서, 화성에서도 왔다.

나는 미래의 인재를 키우겠다는 '교사'의 꿈을 가지고 있는 아이들에게 이론적인 것보다는 교사로서 갖추어야 할 인성과 철학, 교육관의 정립에 열정을 쏟았다. 종강 날 많은 아쉬움을 안고 수업 중간 휴식 시간을 이용해서 화장실을 다녀온 후 강의실 문을 열었다.

문을 열자 눈앞에 얇게 슬라이스 된 귤이 얹어진 노오란 케이크 한 조각이 나타났다. 케이크 위에는 초 하나가 빛을 발하고 있었다. 그리고 이어진 아이들의 노래. "교수님 사~랑해요. ♫ 사~랑해요. ♫ 사~랑하는 교수님 ♫ 진심으로 고마워요." 노래가 끝나자 아이들은 일제히 "교수님 사랑해요. 저희가 돈이 없어서 케이크 한 조각밖에 준비하지 못했지만 저희 마음이에요."라고 입을 모아 말했다.

학교 마치고 오기 바쁜 시간에 이런 깜짝 파티를 준비했다니…….

말이 필요 없는 순간이었다. 그 조그만 케이크 한 조각에 눈시울이 뜨거워지고, 가슴이 훈훈해졌다. 아이들이 전해 준 따뜻한 마음, 감동의 물결이 가슴을 적셨다. "교수님, 어떤 교사가 되어야 하는지 알았어요." "긴장한 마음으로 꿈의 대학을 신청했는데 가슴으로 많은 걸 배워가요." "저도 교수님처럼 아이들을 사랑하는 교사가 되고 싶어요." "'교수님' 하면 권위가 먼저 떠오르는데… 그런데 자유롭고 틀이 없어서 행복한 시간이었어요."

한 학생이 즉석에서 우리 단체 카톡방을 만들자고 제안했다. 그리고 겨울 방학 때 모두 만나기로 하고 헤어졌다. 나는 요즘도 이 아이들과 가끔씩 카톡을 한다. 새해 덕담도 서로 주고받았다. 그리고 겨울방학 때 만날 날을 손꼽아 기다리고 있다. 내가 교육자임을 행복하게 생각하면서…….

교사! 그 아름다운 이름

# 81

# 사랑한다는
## 것은

사랑한다는 것은 살아 있다는 것이며, 끊임없는 관심과 생명에 대한 것이다. 우리는 사랑이 어느 날 홀연히 다가오는 것으로 생각하기 쉽다. 그러나 사랑은 배워야 하는 기술이고 학습이기에 배우고 학습함으로써 알게 된다. 이러한 사실을 우리는 간과하고 있다. 사랑한다는 것은 목숨과도 바꿀 수 있는, 그리하여 나의 하나뿐인 목숨을 주어도 아깝지 않은 것이 사랑이다.

대학교수이면서 철학자였던 에리히 프롬Erich Pinchas Fromm은 『사랑의 기술』에서 '사랑한다는 것은 관심interest을 갖는 것이며 존중respect하는 것이다. 사랑한다는 것은 책임감responsibility을 느끼는 것이며 이해하는 것이고 사랑한다는 것은 주는 것give이다.' 라고 말했다.

일본의 정신의학자 사이토 시게타가 쓴 『사랑받는 사람들의 9가지 공통점』에 보면 첫째, 완고하지 않은 사람, 둘째, 무리가 없는 사람, 셋째, 무리하게 요구하지 않는 사람, 넷째, 기다릴 수 있는 사람, 다섯째, 혼자서도 즐길 수 있는 사람, 여섯째, 지난 일을 잊어버리는 사람, 일곱째, 넘어져도 다시 일어서는 사람, 여덟째, 의지가 되는 사람, 아홉째, 다른 사람을 높여 주는 사람이라고 한다. 그런데 사랑받기의 가장 중요한 공통점은 바로 '자신을 사랑하는 것'이라고 했다.

자신을 사랑하지 못하는 사람이 타인을 사랑한다는 것은 어쩌면 거짓일 수도 있다. 사랑받으려면 먼저 자신을 사랑해야 하기 때문이다. 그래서 가끔씩 자신을 진정으로 사랑하는지 점검해 보아야 한다. 자신을 사랑한다는 것은 자신을 잘 알고 있는 것이 포함된다. 우리가 누군가를 사랑하게 되면 그 사람의 모든 것을 알고 싶듯이 자신을 사랑하게 되면 자신에 대한 것을 최대한 많이 알아야 한다.

나는 가끔 수업시간이나 승급교육을 받으러 오는 교사들에게 자신을 진정으로 사랑하고 있는지 물어본다. 그리고 자신을 사랑한다고 자신 있게 말하는 사람에게 자신의 염색체 수를 물어보면 대부분 답을 하지 못한다. 사랑한다고 말은 하지만 실제 자신을 잘 모르고 있는 경우가 다반사이다. 자신이 누구인지를 말해 보라고 하면 그냥 자신을 소개한다.

그러나 진정으로 자신을 안다는 것은 피상적인 소개가 아니라 자신의 마음을 들여다보아야 자신을 알 수 있다. 사랑하는 사람을 바라보듯 자신 속에 자라고 있는 '내면의 아이'를 관심 있게 들여다보아야 진정한 자신의 모습을 볼 수 있다. '내면의 아이'는 때로는 행복한 아이로, 때로는 치유의 대상으로 다가온다. 그러므로 내 마음과 함께, 나와 함께 자라고 있는 내면의 아이가 어떤 모습이든 수용하고 감싸 안아야 사랑할 수 있는 것이다. 사랑한다는 것은 그래서 앎이고 생명이다. 나를 알고 나를 사랑해야 남도 사랑할 수 있는 것이다. 이 세상에 유일무이한 내 존재에게 먼저 날마다 사랑한다고 말해 주자.

일상! 그루터기가 되어 마주한 이름

# 82

# 제자가 건네 준
# 커피 한 잔

나는 커피를 매우 좋아한다. 한 제자가 내가 커피를 자주 마시는 모습을 유심히 보았는지 어느 날 커다란 종이컵에 담긴 커피 한 잔을 건넸다. 맛있게 마시고는 커피 잔을 휴지통에 버렸다. 다음 날도 강의가 있어 들어갔더니 교탁에 예외 없이 커피가 놓여 있었다. 추운 날씨에 따뜻한 커피를 만지면서 언 손과 마음을 녹였다.

커피가 조금 남아 차에서 마시다가 집에서 버리려고 종이컵을 가지고 올라왔다. 버리려고 하는 순간 종이컵 띠지에 "교수님, 오늘 하루도 이 커피 한 잔으로 행복한 하루가 되세요."라고 정성스럽게 쓴 글씨가 눈에 띄었다. 순간 아차! 싶었다. 어제는 커피를 마신 후 무심코 버렸는데…….

어제 준 커피에도 마음을 담은 글이 쓰여 있지 않았을까 싶은 생각이 들어 다시 한 시간이 걸리는 거리를 운전해서 돌아갔다. 제발 휴지통이 비어 있지 않기를 바라면서……. 뛰어서 올라간 복도 한 켠의 휴지통에는 내가 어제 버린 컵이 그대로 있었다. 다행이었다.

그 컵에도 아니나 다를까 "교수님 사랑해요. 교수님처럼 아이들을 사랑하는 제자가 될게요. –교수님을 닮고 싶은 제자가–"라고 쓰여 있었다. 가슴이 뭉클했다. 한 잔의 커피가 아니라 한 사람의 정성이 담겨 있는 보약을 마신 것이었다. 자칫하면 가장 큰 마음의 선물을 놓칠 뻔했다.

이 일이 있은 후 나는 누군가에게 물건을 받을 때 한 사람의 작은 마음이라도 놓치지 않기 위해 구석구석 살펴보는 습관이 생겼다. 오랜 세월이 흘러 그 제자의 얼굴은 잘 기억나지 않지만 작은 정성이 감동으로 다가온 순간을 나는 지금도 잊지 않고 기억한다. 그리고 나도 이러한 감동을 주기 위해 작은 물건을 하나 건넬 때도 마음을 담으려고 노력한다.

일상! 그루터기가 되어 마주한 이름

## 산다는
## 것은

산다는 것은 슬픔이고 가슴앓이이고 그리움이고 절망이고 때로는 막막함이기도 하다. 산다는 것은 가슴 설렘이고 희망이고 눈부신 햇살이며 행복이다. 똑같은 공기를 마시고 똑같이 하루 세 끼를 먹으며 부대끼고 공평하게 유한의 시간이 주어지고 빈손으로 와서 결국 빈손으로 돌아간다. 그럼에도 불구하고 산다는 것을 스스로 포기하는 사람도 있다. 지금도 생각만 하면 가슴 아주 깊은 곳에서부터 심연을 울리는 이해하고 싶지도, 이해하기도 싫은 내 주변을 떠나간 사람들.

친구같이 아끼던 마음을 주었던 한 사람을 잃고, 두 명의 제자를 잃었다. 한 제자는 졸업 후 내가 추천한 어린이집에 교사로 취업하기로 예정되어 있어 그 충격은 더 컸다. 생을 마감하기 하루 전 나에게 와서 교구 제작에 대한 것도 물어보고 갔는데……. 그리고 다음 주 수업이 끝나면 둘이 한잔하자고 환하게 웃으면서 헤어졌는데…….

장애아이를 키우면서 명랑한 목소리로 낭랑하게 웃던 그 모습이

교사! 그 아름다운 이름

아직도 기억나는데 어느 날 홀연히, 정말 민들레 홀씨처럼 떠나버린 한 엄마도 잃었다. 간간히 들려오는 장애엄마의 죽음은 삶의 무게를 반추하게 한다.

이후 나는 산다는 것에 대해서 많은 생각과 상념에 젖기도 했다. 얼마나 외로웠으면, 얼마나 쓸쓸했으면, 얼마나 가슴이 시렸으면 생을 스스로 포기했을까? 그 마음을 붙잡지 못한, 그 마음을 들여다보지 못한 남겨진 자의 자책감에 오랫동안 그 슬픔에서 헤어나지 못하고 끙끙 앓았다.

산다는 것이 이렇게 어렵고 힘든 일이라고 생각해 보지는 않았다. 산다는 것은 절망이, 때로는 아픔이 있다 할지라도 긍정적인 마음으로 살면서 타인을 배려하고 소소한 것에 감사하면서 살면 그것이 행복하게 사는 삶인 줄 알았다. 좋은 것만 채우려고 노력하고 나쁜 것은 비우면서 살면 아름답게 사는 삶인 줄 알았다. 내가 조금 손해 보더라도 한 발짝 물러서 주고 언젠가 진실은 반드시 밝혀진다는 믿음을 가지고 살면 잘 사는 삶인 줄 알았다.

내 어리석음과 주변을 좀 더 챙기지 못한 부족함이 이제서야 나를 돌아보게 한다. 나의 공감이 그들에게는, 그 절박한 심정에는 아무런 도움이 되지 못했음을 뒤늦게 깨닫는다. 그것도 아주 진한 슬픔으로. 남겨진 나는 오늘도 무엇을 비우고 채우며 살아가고 있는 것

일상! 그루터기가 되어 마주한 이름

인지…….

산다는 것은 어쩌면 에릭 시노웨이, 메릴 미도우의 『하워드의 선물』 중에서 나오는 비움과 채움, 채움과 비움의 연속과정인지도 모른다.

**비움과 채움, 채움과 비움**

인생은 흘러가는 것이 아니라
채우고 또 비우는 과정의 연속이다.
무엇을 채우느냐에 따라 결과는 달라지며
무엇을 비우느냐에 따라 가치는 달라진다.
인생이란 그렇게 채우고 또 비우며
자신에게 가장 소중한 것을 찾아가는 길이다.

교사! 그 아름다운 이름

# 개성이 강한 아이

우리 아이는 호기심도 많고, 자기 일은 스스로 알아서 결정하고 하고 싶은 것이 있으면 꼭 해야 한다. 마치 럭비공처럼 전혀 예측할 수 없다.

백 일 정도 된 아이를 횟집에 데리고 갔다가 동그랗게 뭉쳐진 와사비를 사탕인 줄 알고 입에 넣어 부모를 깜짝 놀라게 만들기도 하였다. 3살 때쯤 아이 아빠가 교육을 하러 내려간 지방 호텔에서 한밤중에 잠깐 잠이 깨서 보니 아빠의 담뱃갑에 있던 담배를 몽땅 잘라 입에 가득 넣고 있어 사람을 혼비백산하게 만들기도 하였다. 연기가 나오는 것이 신기해서 입에 넣었는데 하나 넣어 보니까 안 나와서 가득 넣으면 나올 줄 알았단다.

기독교 재단의 초등학교를 다닐 때는 강아지를 사 달라는 기도를 하루도 빠짐없이 6개월 정도 일기에 적어 선생님이 나를 불러 신앙에 문제 생기겠다고 강아지를 사 주게 부탁하기도 하였다. 나는 어릴 때부터 막내 여동생이 강아지를 보기만 하면 경기를 해서 엄마가 동생을 업고 병원에 가기 위해 무턱대고 도로로 뛰어들어 차를 세우는 위험한 상황을 몇 번 목격한 기억 때문에 강아지 근처도 못 갈 정도로 강아지에 대한 트라우마가 있었지만 결국 강아지를 사 주기도 했다.

초등학교와 중학교 시절 우리 집은 아파트임에도 불구하고 '작은 동물 농장'이었다. 딸의 친구들은 동물을 보기 위해 우리 집에 몰려오기 일쑤였다. 오골계를 비롯하여 햄스터, 닭 한 쌍, 도마뱀, 이구아나, 이름도 모르는 뱀, 앵무새 한 쌍, 토끼 등이 베란다와 아이 방에서 동거하였다. 닭들이 낳은 계란을 모아 부화장에 갖다 주기도 하였으며, 귀한 난초를 토끼들이 다 갉아먹어 낭패를 당한 적도 있다.

아이가 고등학교에 다니던 시절, 어느 날 집에 왔더니 강아지가 똥을 싸 났다. 평소에 대소변을 잘 가리는 강아지라 이상하다고 생각하고 똥을 치우러 갔더니 뭔가 꿈틀거렸다. 아주 가늘고 작은 뱀이 똬리를 틀고 있었던 것이다. 혼비백산하여 신문지를 여러 장 겹쳐 바닥에 대고 살살 밀었더니 신문지에 뱀이 들어왔다. 얼른 신문지로 싸서 위를 묶어 두었다.

떨리는 가슴에 흥분을 가라앉히지 못하고 학교에서 돌아온 아이의 뒤통수를 한 대 때렸다. 처음 맞는 것이라 놀라서 멍하니 나를 쳐다보는 아이에게 뱀에 대해 물어보자 아이도 사태를 알아차렸다. 뱀이 아이 방에서 탈출을 감행한 것이었다. 평소에도 마트에 있는 뱀을 보기 위해 마트를 따라 가는 아이이고 작은 이모와 할머니에게 뱀을 사 달라고 몇 번 얘기했다는 것을 들은 상태라 이모가 사 준 줄 알고 환불하고 오라고 했다.

그러자 아이는 뱀을 산 것이 아니라 학교 근처 논에서 잡아 교복치마 호주머니에 넣고 왔단다. 그럼 다시 그 논에 갖다 놓으라고 했더니 자기는 특수교육과 유아교육을 전공한 사람이 제일 싫단다. 듣고 보니 나를 지칭하는 것이었다. 왜 그러느냐고 물었더니 어떻게 유아교육을 공부한 사람이 어린 뱀을 그냥 보내라고 하느냐고, 잘못하면 농약을 친 물을 먹고 죽을 수도 있기 때문에 안 된다고 자립시켜 보내야 한다고 고집을 부리는 바람에 결국 집에서 키우게 되었다.

어느 날 뱀이 탈출을 감행하는 바람에 어디서 뱀이 나올지 몰라 무서워 며칠째 잠을 설치던 때에, 아파트에서 뱀을 보관하고 있다는 방송이 흘러나왔다. 나는 우리 아이가 그렇게 빠르게 움직이는 아이인 줄 처음 알았다. 방송을 듣는 순간 눈앞에서 아이는 사라지고 없었다. 그러나 잠시 후 처진 어깨로 돌아온 아이의 눈에는 눈물이 그렁그렁 했다. 수위 아저씨가 금방까지 뱀이 있었는데 사라졌다고 하더란다.

대학에 들어가서도 2년을 보낸 후 1년 동안 휴학하겠다고 몇 가지의 이유를 가지고 가족들 앞에서 브리핑을 했다. 그중 하나가 말을 타고 국토순례를 하고 싶다는 것이었다. 방학 중에 하면 되지 않느냐고 반문하는 나에게 여름은 너무 더워서 안 되고 겨울은 너무 추워서 말이 얼음에 미끄러질 수도 있어서 안 되기 때문에 가장 좋은 5월 한 달 동안 해야 한단다. 나에게 어떻게 특수교육을 한 사람이 그렇게 배려심이 없냐고 하면서 오히려 핀잔을 주었다.

아이는 휴학기간 동안 원하던 국토기행과, 커피를 마시지 않고 지금도 못 마시는 아이가 바리스타 자격증을 비롯하여 몇 개의 자격증을 취득했다. 그리고 전국 제6회 코리안 컵 칵테일 대회에서 전통주를 베이스로 새로운 칵테일을 창작하는 크리에이티브creative 라운드의 대학생 부문에 금상으로 입상하여 농림수산식품부 장관상과 상금 및 트로피를 받았다. 식품영양과도 아닌 아이가 안동소주를 베이스로 해서 '인생'이라는 이름의 칵테일로 수상을 한 것이라 주변에서도 놀랐다고 한다.

아이의 기행은 끝이 없었다. 자전거를 사 주지도 않았는데 갑자기 자전거 대회를 나간다고 해서 물어보았더니 '삼천리 자전거' 서포터즈 활동으로 받은 자전거로 나간단다. 자전거 대회를 TV로 본 적이 있어 대수롭지 않게 생각하고 있었는데 상을 받아왔다. 상장을 열어본 순간 난 가슴이 쿵 내려앉았다. 꿈에도 생각지 못했던 '산악자전거 대회'였던 것이다.

놀란 가슴에 지금껏 너 하고 싶은 것 못 하게 한 적 없지만 앞으로 산악자전거만은 안 된다고 말했다. 그랬더니 왜 안 되냐고 자기가 납득할 만한 이유를 말해 주면 안 하겠다고 했다. 나는 궁색하게 "위험하니까 안 된다."고 하였다. 딸은 "엄마, 세상에 위험하다고 생각하면 할 게 아무것도 없어. 재수 없으면 가만히 서 있어도 차가 와서 치여 죽을 수도 있어."라고 했다. 할 말이 없었다. 생각해 보면 맞는 말이다. 딸에게 한방에 K.O 당한 것이다. 그 후로 나는 아직까지도 아이가 산악자전거를 타러 가면 가슴앓이만 하고 말리지도 못한다.

그리고 MBC에서 방영된 드라마 '기황후' 촬영장에서 두 달 동안 승마로 아르바이트를 한 돈으로 가족들에게는 말도 하지 않은 채 혼자서 일본 자전거 여행을 갔다 왔다. 세탁을 하다 보니 일본에서 배를 타고 한국으로 온 영수증이 나와서 막내 여동생에게 전화해서 상황을 얘기했더니 사실은 딸이 혹시 일본에서 무슨 일이 있을지 모르니 이모에게만 얘기하고 간다고 식구들에게는 비밀로 해 달라고 했단다. 가만히 되짚어 보니 할머니 집에 간다고 한 날짜랑 일치했다.

자기 하고 싶은 것은 꼭 하는 아이가 졸업도 하지 않은 채 일본으로 떠났다. 6개월 동안 일본에서 아르바이트를 한 후 그 돈으로 일본 여행을 다니면서 돈이 떨어지면 한국에 오겠다고 하고 간 것이다. 얼마나 약속을 잘 지키는지 정확하게 비행기 값만 남아 있을 때 한국으로 돌아왔다. 그리고 동력수상레저기구 면허증이랑 생활스포츠지도사, 요트 면허 등을 취득하고 9년이 지난 지금도 여전히 대학생 신분을 유지하고 있다.

일상! 그루터기가 되어 마주한 이름

요즘은 과천 승마장에서 장애아동들의 재활 승마 아르바이트를 하면서 덴마크어를 배우고 있다. 내년 3월에 덴마크에 가서 1년을 있다가 온다고 한다. 나는 말리지 않는다.

　우리의 인생은 오직 한 번뿐이고 다시는 기회가 오지 않기 때문에 할 수만 있다면 꿈꾸는 일, 하고 싶은 일 다 해 보고 후회 없이 살아야 한다고 말한다. 가끔은 빛나는 청춘시절에 하고 싶은 것을 할 수 있는 용기와 대담함을 가진 딸이 부럽기도 하다. 나는 청춘을 그렇게 보내지 못했고, 설령 또 다시 기회가 주어진다 할지라도 겁이 많아서 못할 것이라는 것을 이미 알고 있기 때문에.

교사! 그 아름다운 이름

# 생각대로 움직이는
# 마음

우리는 종종 하루에도 몇 번씩 들여다보아야 하는 마음이 있다는 것을 잊고 산다. 마음먹기에 따라 움직여 주는 고마운 마음이 있음에도 불구하고 내 마음에 대한 건망증이 걸려 있다. 잘 살고 있는지 점검하기 위해서는 잠시 멈추고 내 마음을 들여다보아야 함에도 바쁘다는 핑계로 혹은 '다음에'라고 하면서 마음 들여다보기에 게을러진다.

마음만큼 '요술쟁이'도 없다. 분노에 사랑이라는 양념을 넣으면 순식간에 사랑으로 변하고, 슬픔에 기쁨을 넣으면 기쁨으로, 배려를 넣으면 배려로 변한다. 마음은 순식간에 다른 모습으로 변하는 요술을 보여 준다.

마음만큼 '변덕쟁이'도 없다. 하루에 열두 번 더 변할 때도 있다. 잔잔한 호수였다가도 금방 거센 파도가 몰아치는 바다가 되기도 한다. 같은 상황도 마음먹기에 따라 행복하거나 즐겁게 느껴지기도 하고 불행하거나 슬프게 느껴지기도 한다.

일상! 그루터기가 되어 마주한 이름

베트남의 선승인 틱낫한<sub>Thich Nhat Hanh</sub>의 『살아 있는 지금 이 순간이 기적』에는 마음을 이렇게 표현하고 있다.

### 마음의 채널

마음은 수천 개의 채널이 있는 텔레비전과 같다.
그리하여 우리가 선택하는 채널대로
순간순간의 우리가 존재하게 된다.
분노를 켜면 우리 자신이 분노가 되고,
평화와 기쁨을 켜면 우리 자신이 평화와 기쁨이 된다.

마음만큼 '따라쟁이'도 없다. 마음은 우리가 어떤 채널을 켜느냐에 따라 어린아이처럼 '따라쟁이'가 된다. 사랑을 켜면 사랑이 되고, 행복을 켜면 행복이 되고, 배려를 켜면 배려가 되고, 용서를 켜면 용서가 되고, 정직을 켜면 정직이 되고, 나눔을 켜면 나눔이 된다.

미움을 켜면 미움이 되고, 불행을 켜면 불행이 되고, 독선을 켜면 독선이 되고, 분노를 켜면 분노가 되고, 거짓을 켜면 거짓이 되고, 인색을 켜면 인색이 된다.

우리는 마음의 채널을 잘 돌려야 한다. 지금 나의 마음 채널이 고장 나지는 않았는지, 혹은 어떤 채널을 켜고 있는지 수시로 점검해 보자.

# 86

# 말의 성찬

　말은 참 묘하다. 말 한 마디로 천 냥 빚을 갚을 정도로 보이지 않는데도 불구하고 무한한 힘을 가지고 있다. 그래서 우리나라에도 '말이 씨가 된다.' '가는 말이 고와야 오는 말이 곱다.' '같은 말이라도 아 다르고 어 다르다.' '말이 고우면 비지 사러 갔다가 두부 사 온다.' '가루는 칠수록 고와지고, 말은 할수록 거칠어진다.' '쏜 화살은 주워도 뱉은 말은 못 줍는다.' 등 유독 말과 관련된 속담이 많다. 이는 아마 말이 가지고 있는 힘 때문일 것이다.

　오래전 MBC에서 한글날 특집으로 '말의 힘'이라는 프로그램이 방영되었다. 긍정적인 말과 부정적인 말의 영향을 알아보기 위해 쌀밥을 두 그릇으로 나누어 놓고 똑같은 밥에게 '고맙습니다'라는 긍정의 언어와 '짜증나'라는 부정의 언어를 들려준 후 4주 후에 보니 밥풀에 놀라운 변화가 일어났다. '고맙습니다'라는 말을 계속 들은 밥은 하얗고 뽀얀 곰팡이가 누룩 냄새를 풍기고 있는 반면 '짜증나'라는 말을 계속 들은 밥은 거무스름한 곰팡이가 악취를 풍기고 있었다.

일상! 그루터기가 되어 마주한 이름

이와 비슷하게 일본의 과학자 마사루이모토 박사는 물을 대상으로 실험을 하였는데 긍정적인 말을 들은 물은 아름다운 크리스털 crystal 모양을 물 분자 속에 형성했고, 부정적인 말을 들은 물은 혼돈스러운 모양을 물 분자 속에 형성한다는 것이 밝혀졌다.

이러한 결과는 '말이 씨가 된다.'라고 하듯이 긍정적인 말이든 부정적인 말이든, 말에는 창조력이 있다는 사실을 증명해 주는 것이다. 즉, 사물조차도 말에 예민하게 반응한다는 사실을 것을 보여 준다.

이스라엘 엄마들은 아이가 말뜻을 잘 이해하지 못하는 어린 시절부터 "네. 할 수 있어요."라는 말을 지속적으로 들려준다고 한다. 끊임없이 이 말을 듣고 자라난 아이들이 지금 세계를 움직이고 있다. 단순한 말 한마디에 마음을 열기도 하고 닫기도 하며, 때로는 나의 삶의 방향을 바꾸기도 한다. 이처럼 말 속에는 사람을 움직이고 세상을 변화시킬 수 있는 힘이 있다.

내가 하는 말은 나를 움직인다. 실제 뇌기능학에서도 긍정적인 생각을 많이 하면 사고 자체도 긍정적으로 변한다는 연구 결과가 나오기도 했다. 사람이든 사물에게든 긍정적인 말을 들려주기 위해 어린 아이처럼 말하기 연습을 다시 시작해야 한다.

우리는 살면서 가끔 소소한 말 한 마디 때문에 상처를 받을 때가

교사! 그 아름다운 이름

있다. 그러므로 오늘부터라도 내가 무심코 하는 말이 나에게 혹은 상대에게 상처가 되지 않는지, 부정적인 말은 아닌지, 내가 품격 있는 말을 하고 있는지 점검해 보아야 한다. 그러므로 더 늦기 전에 진심을 담아서 주변사람들에게 "사랑해." "정말 고마워." "네 덕분에 행복해." "지금도 잘하고 있어."라는 긍정적인 말의 성찬을 선물하자.

일상! 그루터기가 되어 마주한 이름

# 도란도란교

우리 집 길목에 아파트를 가로지르는 '도란도란교橋'라는 이름을 가진 다리가 있다. '도란도란교'. 참 예쁜 이름이다. 국어사전에 도란도란은 '개울물 따위가 잇따라 흘러가는 소리. 또는 그 모양'으로 풀이되어 있다. 아마 아파트를 가로질러 개울물이 천을 따라 흘러가고 있어 그 위에 다리를 세우면서 '도란도란교'라는 이름을 붙이지 않았을까 추측해 본다.

나는 도란도란교를 지날 때마다 공자의 명심보감 교우交友 편에 나오는 '지란지교芝蘭之交'를 생각하게 된다. 아마 '도란도란'이라는 말이 나직한 목소리로 서로 정답게 이야기하는 모습을 먼저 떠올리게 해서일 것이다. 지란지교는 지초 지芝, 난초 란蘭, 갈 지之, 사귈 교交자이다. 지초와 난초는 모두 향기로운 풀을 가리키는데 지초와 난초의 사귐이라는 맑고 아름다운 우정을 의미하는 고사성어이다.

이와 비슷한 의미로 '관포지교管鮑之交'가 있다. 이는 춘추시대 제齊나라에 살았던 관중과 포숙이라는 두 인물의 사귐에서 비롯된 말로 영원히 변치 않는 참된 우정을 의미한다. 관중은 본인을 낳아 준 사람은 부모이지만 자신을 진정으로 알아준 사람은 포숙이라고 널리 사람들에게 당당하게 얘기하면서 어떠한 상황에서도 서로 믿고 의지하며 우정을 나누었다.

공자가 말한 지란지교의 깊은 의미는 좋은 벗을 사귀면 좋은 벗과 동화되고, 나쁜 벗을 사귀면 나쁜 벗과 동화되니 만남을 잘해야 한다는 뜻이다. 그래서 친구를 보면 그 사람을 안다고 하지 않던가? 나는 요즘 우정이라고 표현하든 존경이라고 표현하든 한 사람과의 의미 있는 만남이란 무엇인지 자문하게 된다.

내가 대학에 들어와서 가장 잘한 것은 그 교수님을 만난 것이라고 생각할 정도로 15여 년이 넘는 오랜 세월 동안 마음을 나누었다고 생각한 분이 계셨다. 그냥 보기만 해도 가슴이 푸근해지는 사람이었다.

그러나 어느 날 풍문처럼 들려왔던 충격적인 말 때문에 나는 한동안 가슴앓이를 하면서 지내야 했다. 어느 곳에서 무엇을 하든지 나는 진심과 정성으로 대했는데 나를 대하던 그 모습들이 진실이 아니었다는 것이 믿어지지 않았다. 그 교수님에 대해 좋지 않은 얘기가 들리면 나는 쌍심지를 켜고 반박했고, 이로 인해 내가 가고자 하는 길에 걸림돌이 생기기도 했지만 행여 나보다 더 가슴 아파할까 봐 교수님께는 그 사실을 말하지 않았다. 내 마음과 같은 줄 알았기에

일상! 그루터기가 되어 마주한 이름

……. 그럴 정도로 존경하고 좋아했었다. 나를 통해 내가 그 교수님에 대해 어떤 마음을 가지고 있는지를 짐작하고 있던 몇몇 사람들은 더 충격을 받았나 보다.

이 일로 인해 요즘은 갑자기 사람이 두려워졌다. 무조건적으로 사람을 믿고 내 마음 같을 것이라고 생각하는 내가 싫어지기까지 했다. 그런데 갑자기 '도란도란교'가 생각이 났다. 도란도란. 그 교수님은 항상 나에게 조용하게 웃으시면서 도란도란 얘기해 주셨고, 그 얘기를 통해 나는 강한 것은 꺾이기 쉽지만 갈대는 절대 꺾이지 않는 다는 교훈과 더불어 문득 내가 받은 것이 더 많았다는 생각이 들었다.

그래도 인간이기에 서운함은 가슴 한편에 계속 머물러 있다. 마음이든 존경이든 무엇인가를 단 한순간에 잃어버렸다는 느낌 때문에 ……. 어느 정도 시간이 흐르고 마음이 정리되면 꼭 한번 물어보고 싶다. 왜 그랬는지, 왜 그래야 했었는지를…….

나는 어쩌면 오랜 세월동안 그 교수님이 나에게 관중이기를 바라는 나만의 헛된 꿈을 꾸고 있었는지도 모르겠다.

교사! 그 아름다운 이름

## 88

# 공동체의
# 삶!

삶의 기쁨과 슬픔을 함께 나누고, 함께 해결하며 진정한 교육의 모습과 작은 생명이라도 소중히 여기며, 모두가 행복하고자 하는 공동체 마을. 자신의 삶을 나누며 살아가는 사람들이 모인 곳이다.

우리나라에도 이러한 삶을 추구하는 다양한 공동체 마을이 존재하고 있다. 무소유의 개념을 실현하는 화성시의 신안마을을 비롯하여 널리 알려진 두레마을 등과 서울 도심에서 공동체를 지향하는 성미산마을, 삼각산 재미난 마을, 정릉 생명평화마을 등 공동체를 지향하는 마을이 점점 늘어나고 있는 추세이다.

이중 성미산 마을공동체는 지역 공동체의 표본이라고 할 만큼 성공적이다. 1994년 젊은 맞벌이 부부들이 모여 공동 육아를 위한 마을 어린이집을 만들면서 시작되었지만 시간이 흐르면서 대안초등학교가 설립되었고 이제는 대부분의 생활을 함께하는 마을공동체가 되었다.

아이를 키우며 살 만한 동네를 찾다가 이 마을에 정착한 강석필, 홍형숙 씨 부부는 국내외에서 주목받은 〈변방에서 중심으로〉, 〈경계도시〉, 〈경계도시2〉 등으로 널리 알려진 다큐멘터리 감독이다.

이들이 직접 제작한 생활 밀착형 다큐멘터리 영화 '춤추는 숲'은 성미산마을 이야기이다. 한국 영화로는 유일하게 제10회 서울환경영화제 심사위원특별상을 받았으며, 제38회 서울독립영화제 우수작품상을 받았다.

'춤추는 숲'에는 모든 사람들에게 생명에 대한 경각심을 불러일으키고 심금을 울린 한 장면이 나온다. 2010년 한 사학재단이 재단이 소유하고 있는 성미산 중턱 땅에 학교를 세우겠다고 신청하고, 서울시가 이를 허가해서 산을 깎는 공사가 시작되었다. 굴착기가 들어와 땅을 파헤쳐 나무들의 뿌리가 드러난다. 한 그루 나무의 드러난 뿌리에 흙을 덮어 주던 13세 소년은 "자기 땅에 자기가 하려는데 너는 왜 반대해?"라는 질문에 이렇게 대답한다.

"여기 있던 잎이에요. 근데 이 나무도 잘릴 거니까 기억하려구요."

"어… 생명에는 주인이 없어요."

"모든 생명에는 주인이 없는데, ○○대가 학교를 만들려는 이 땅엔 너무 많은 생명들이 살고 있어요."

"여기에 있는 이 나무만 해도 많은 생명들이 살아요. 개미, 진딧물 … 개미가 진짜 많아요. 땅개미, 불개미 등. 이 나무도 곧 베어 버리

교사! 그 아름다운 이름

겠지만, 우리가 할 수 있는 건 다 해 봐야, 만약에 성미산에 진짜 학교가 들어온다고 해도 미련이 없겠죠. 아마…….”

“최선을 다해도 이 숲이 없어져 버리면 아쉬움과 후회가 없을 것 같니?”라는 질문에는 이렇게 대답했다.

“아쉬움과 후회는 있긴 있겠죠. 그래도 우리가 만약에 못 막으면, 모든 힘을 썼음에도 불구하고 못 막으면……. 하아… 돈에 진 거겠죠? 사람들이.”

13살 초등학생이 던진 “돈에 진 거겠죠? 사람들이.”라는 화두에 난 할 말을 잃고 눈시울만 적셔야 했다. 가슴이 먹먹해서, 그 어린 아이 입에서 저런 말을 하게 만든 초라한 어른의 모습이 미안해서……. 숲을 살리고, 생명을 살려서 이 땅에서 성장하고 있는 아이들의 입에서 저런 말 대신 ‘행복해’라는 말이 나올 수 있도록 하는 것이 어른들의 책무인지도 모른다. 공동체 마을에 살지 않더라도 내 생활이 살림을 일구어 내는 공동체적인 나누는 삶이어야 아이들도 행복할 수 있다.

이 장면은 오랫동안 내 기억 속에 남아 우리가 잃어버린 가장 값진 삶의 모습이 무엇인지, 우리 삶의 뿌리를 어디에 내려야 하는지, 교육과 생명, 행복에 대해 어떤 꿈을 꾸어야 하는지를 돌아보게 했다.

일상! 그루터기가 되어 마주한 이름

# 89

# 사는 방식의 차이가
# 가져오는 결과

나에겐 두 여동생이 있다. 이 둘을 보면서 나는 많은 생각을 하게 된다. 같은 환경에서 자라 왔음에도 불구하고 둘은 서로 다른 방식으로 삶을 영위한다. 첫째 여동생은 교사이면서 자신을 잘 가꾸지 않는다. 옷을 살 때도 싼 것을 사서 다음해 입기에는 볼품이 없어 또 사야 한다. 그리고 구두를 살 때도 싼 구두를 여러 개 산다. 많은 옷과 구두가 있지만 해마다 입을 옷과 구두가 없다고 한다. 가족들은 첫째 동생의 생일날 선물을 제대로 챙기지도 않는다. 아이들도 맛있는 것이 있으면 엄마 것만 조금 남겨 놓고 그냥 자기네들끼리 미리 먹는다.

반면, 막내 여동생은 가정주부인데 자신을 참 잘 가꾼다. 옷을 살 때도 합리적으로 여러 벌의 옷을 살 돈으로 고급스러운 옷 한 벌을 산다. 그래서 오래 입는다. 신발도 마찬가지이다. 만 원짜리 열 켤레 살 돈을 모아 십만 원짜리 한 켤레를 산다. 세월이 지나면 입을 옷과 신발이 많아 오히려 사지 않아도 된다. 자신을 귀하게 여기기 때문에 남편도 아이들도 막냇동생의 생일 선물 때문에 고민하고, 때로는 나에게 자문을 구하기도 한다. 맛있는 것이 있으면 엄마가 오기 전에는 손도 대지 않는다. 엄마가 와야 비로소 먹는다.

이러한 삶의 방식은 주위 사람들에게도 고스란히 영향을 미친다. 나도 첫째 동생네 갈 때는 동생네 근처 동네 슈퍼에 가서 과일을 사 가지고 간다. 그러나 막냇동생네 갈 때는 미리 백화점에 들려 과일을 사 가지고 간다. 식구들도 첫째 동생과 둘째 동생에게 선물을 하는 수위가 다르다. 그럼에도 별로 인식하지 못하고 누가 시킨 것도 아닌데 자연스럽게 그렇게 하고 당연하게 여긴다.

참 묘하다. 자기 스스로 귀하게 여김이 다른 사람들에게도 그렇게 하도록 만든 것이다. 스스로를 귀하게 여기면 거기에 걸맞는 대접을 받는 것이다. 그리고 중요한 것은 나를 귀하게 여길 줄 아는 사람이 되어야 남도 귀하게 여길 줄 안다는 것이다. 그러므로 자신에게 우선순위를 두고 자신을 귀하게 여기는 연습을 하는 것도 권할 만하지 않는가?

일상! 그루터기가 되어 마주한 이름

## 90

# 우리 기관과
# 님비현상

　우리 기관은 아파트 후문에 위치한 당시로서는 파격적인 디자인의 건물이었다. 전반적으로 유리를 많이 사용하여 햇살이 잘 들어오고 후문 쪽이라 인적이 드물기도 하다. 그러나 이곳으로 이전해 오면서 처음 겪었던 것은 시청 사람들과의 끊임없는 만남이었다.

　지속적으로 들어오는 투서는 장애교육기관이 아파트에 있으면 아파트 값이 떨어진다는 민원이었다. 특히 이 아파트는 큰 평수들로만 구성되어 있어 이 지역에서 상류층들이 거주하는 아파트였다. 게다가 우리 기관과 맞붙어 있는 아파트는 이 단지에서 가장 큰 평수였다.

　신문이나 뉴스를 통해 접하던 지역 이기주의를 경험하게 된 것이다. 학습용어 개념사전에 보면 님비NIMBY 현상은 'Not in my back-yard'를 줄인 말인데, 그대로 뜻을 옮기면 '내 뒷마당에서는 안 돼.'라는 뜻이다. 즉, 장애인 시설이나 쓰레기 처리장, 화장장, 교도소와 같이 지역 주민들이 싫어할 시설이나, 땅값이 떨어질 우려가 있는 시설들은 자신이 살고 있는 지역에 들어서는 것을 반대하는 현상이다. 이와 반대되는 말로 자신이 살고 있는 지역에 이익이 될 만한

교사! 그 아름다운 이름

시설을 서로 들어오게 하려는 사회적 현상을 '핌피 현상'이라고 한다. 이 두 가지를 모두 지역 이기주의라고 한다. 이러한 이기주의는 공동체적인 삶을 파괴하고 사회를 피폐하게 만든다. 그럼에도 불구하고 우리는 인간이기에 그럴 수 있다고 자위하면서 한 순간도 손해 보지 않고 살아가려고 아등바등한다. 내가 조금 손해 보면 세상이 더 아름다워질 수 있다는 사실을 잊은 채. 그리고 그 손해가 결국은 나에게 이익이 되어 돌아올 수도 있는데 순간에만 급급하여 먼 미래를 보지 못한다.

결국 어떤 방향으로든 결론을 내려야 했다. 다행히 우리 기관과 붙어 있는 아파트에 같은 교회를 다니고 있는 권사님이 계셨다. 장애에 대한 편견은 없었지만 그래도 여러 가지 우려를 하셨다. 장시간의 얘기 끝에 권사님의 도움을 받아내는 데 성공했다. 결국 권사님의 도움으로 관리소장을 비롯해 우리 기관과 붙어 있는 아파트 입주민을 모아 놓고 마음을 열어 보이며 진실이라는 무기 하나를 가지고 설득 작업에 들어갔다. 지루하리만큼 긴 시간이 지나면서 한두 명씩 호의적으로 돌아서기 시작했고 결국은 더 이상 민원이 들어가지 않게 되었다.

진심은 어디서든 통하는 법이다. 누군가가 진실로 다가갈 때 시간이 지나면 진실로 보답된다는 것을 이 경험을 통해서 다시 깨우치게 되었다. 사람은 이렇게 평생 배우면서 살아가는 것인가 보다. 지금 생각해 보면 감사하고 고마운 일이다.

일상! 그루터기가 되어 마주한 이름

# 91

# 신데렐라와
# 아동권리

나는 '아동권리와 복지'에 대한 책을 공동으로 집필하면서 표지 때문에 많은 고민을 하고 있었다. 그러다 출판사에서 우연찮게 우리 딸에게 표지를 맡겼다. 멘사 회원일 정도로 뛰어난 창의력을 가진 아이기에 나도 기대를 많이 했다. 그런데 나의 허를 찌르는 전혀 생각지도 못한 표지가 나왔다. 바로 신데렐라였다. 신데렐라는 세계명작동화 중 하나이다. 나도 어려서 신데렐라 노래를 부르면서 자랐다.

> '신데렐라는 어려서 부모님을 잃고요.
>
> 계모와 언니들에게 구박을 받았더래요.
>
> 사바사바 아이사바 얼마나 울었을까?
>
> 사바사바 아이사바 천구백 팔십 오년도!'

아이에게 왜 신데렐라를 생각하게 되었냐고 물어보았다. 아이 말로는 어머니가 돌아가시고 아버지가 새어머니를 맞이하고 얼마 안되어 아버지마저 돌아가시자 온갖 구박을 받으며 집안일을 해 온 신데렐라라는 이름마저 '재투성이 소녀'라는 의미가 담겨 있으니 얼마

교사! 그 아름다운 이름

나 괴롭힘과 구박을 받았는지 가히 짐작이 가더란다. 이렇게 자라는 과정에서 신데렐라에게는 복지도 권리도 없었기 때문에 '아동권리와 복지'이름을 듣는 순간 신데렐라가 가장 먼저 떠올랐단다. 어려서부터 정서적·육체적 학대를 당해 온 신데렐라를 표지로 하면 책의 내용을 가장 적절하게 표현할 수 있는 인물이 아니겠냐는 것이었다.

또 하나의 이유는 이 책은 주로 보육학과 여학생들이 많이 보기 때문에 여학생들의 감성에 잘 맞을 것 같더란다. 그리고 기존의 표지와는 완전 다른 느낌으로 들고 다니고 싶은 책 표지를 만들고 싶었단다. 사고의 전환이 새로운 발상을 하게 만들고 교과서적인 딱딱함만 존재했던 교재의 표지에 새로운 색깔이 입혀지는 순간이었다.

학교에서 학생들에게 표지에 대한 설명을 해 주고 물어보았더니 대찬성이었고 집필진도 대찬성이었다. 출판사도 새로운 시도를 해 보겠다고 조심스럽게 발걸음을 떼었다. 아직은 보수적인 출판계에서 과감한 결정을 내려 준 출판사에 무한한 감사를 드린다.

# 92

# 품앗이와
# 나눔

'나눔'. 언제부터인가 우리는 '나눔'이라는 단어를 익숙하게 들어 왔다. '아름다운가게'가 생기면서 이 '나눔'은 더욱 알려지게 되었다.

그러나 실제 우리나라에서는 오래전부터 아름다운 전통으로 나눔이 이어져 왔다. 이에 대표적인 것이 '품앗이'와 '두레'이다. '품앗이'는 우리 선조들이 행한 상부상조에서 비롯된 것으로, 친분이 있는 사람들이 서로의 일을 도와주는 형태로 이어져 왔다. 즉, 바쁜 농사일을 돕기 위해 가까운 이웃끼리 서로 함께 돌아가며 일을 도와주는 형태이다. 농사일뿐만 아니라 관혼상제 등 집안의 큰 행사가 있을 때나 힘든 일이 있으면 시기와 관계없이 언제든지 품앗이가 이루어졌다. 품앗이의 유래는 우리나라에서 18세기 이전까지 물품이나 현물로 상부상조가 이루어지다가 이후 현금을 주는 부조가 생겼다고 추측하고 있다.

'두레'는 집단으로 모내기를 비롯하여 김매기 등에 공동으로 참여하는 노동의 나눔 형태였다. 그리고 노동뿐만 아니라 농사가 끝난 후 이어지는 백중놀이세벌김매기가 끝난 후 여름철 휴한기에 음식과 술을 나누어 먹으며 하마을의 공동 잔치도 두레 형태로 이루어졌다. 두레는 다양한 형태로 존재하였다. 실례로 선생두레와 제자두레는 제자두레가 선생두레에 존경과 복종의 예를 갖추었다.

품앗이는 가까운 이웃끼리 이루어지는 나눔이고 이에 반해 두레는 마을 전체가 움직이는 나눔이라는 차이가 있었을 뿐 그 기반은 상부상조, 즉 '나눔'인 것이다.

여성가족부는 2017년 12월 새로운 육아문화 정착을 위해 이웃과 함께하는 '육아 품앗이' 활동을 적극 지원하며, 현재 전국 90개 시군구에서 운영 중인 '공동육아나눔터'를 2018년 47개 지역에 추가 설치할 예정이라고 밝혔다. '공동육아나눔터'는 아파트 주민공동시설이나 주민센터의 빈 공간 등을 활용하여 가정 육아의 부담을 덜어주고 보육의 사각지대를 보완하기 위한 품앗이 사업으로 또 하나의 나눔이 꽃을 피우고 있다.

테레사 수녀는 나눔은 우리를 '진정한 부자'로 만들며, 나누는 행위를 통해 자신이 누구이며 또 무엇인지를 발견하게 된다고 하였다.

나는 어릴 적 이 나눔을 엄마를 통해서 배웠다. 우리 집에 먹을 것이 얼마 없는데도 거지가 동냥을 오면 엄마가 빈손으로 돌려보내시는 것을 단 한 번도 본 적이 없다. 그래서 우리 집은 거지들의 단골집이 되었다. 어린 마음에도 이해가 안 되어 물어보면 "나누면서

살아야 해. 우리가 조금 덜 먹으면 한 사람이 먹게 되는 거야. 나눈
만큼 다 돌아온단다. 네 때 안 돌아오면 자식 때라도 돌아온단다."
고 하셨다.

　지금도 나는 이 말을 믿고 있으며, 이로 인해 마음이 부자이고, 내
가 누구인지를 알게 되었고, 진정한 행복도 알게 되었다.

교사! 그 아름다운 이름

## 마음에 '참 잘 했어요' 도장 찍기

　마음은 정직하다. 스스로가 생각하는 대로 움직여 준다. 마치 땅과 같다. 심는 만큼 거두고 주는 만큼 받는다. 우리가 주고받는 마음은 어쩌면 사필귀정事必歸正이다.

　마음은 정원과 같다. 정성들여 가꾸어야 자란다. 시기 맞추어 물도 주고 수시로 잡초도 뽑아 주고 필요하면 긍정 영양제도 투여해 주어야 한다. 그래야 꽃도 피고, 새도 날아오고, 열매도 맺는다.

　마음은 애견과 같다. 시시때때로 살펴보아야 한다. 주인이 놀아 주고, 간식도 주고, 산책도 시켜 주어야 근육이 생긴다. 근육이 생긴 건강한 마음은 병에 잘 걸리지 않는다.

　나는 마음이 불편할 때면 〈좋은 글〉에 나오는 '마음에도 저울이 있습니다.'를 보면서 내 마음의 무게를 측정하기 위해 저울을 달아 본다. 욕심과 집착과 자만과 게으름과 우울과 독선과 이기와 아집과 질투의 독소를 빼고 내 마음에 '참 잘 했어요'라는 도장을 쾅 찍어 주기 위해 마음의 다이어트를 한다. 어린아이의 마음 같은 순수한 마음을 잃어버리지 않으려고 내 마음을 가만히 들여다보면서 마음이랑 끊임없이 소통한다.

**마음에도 저울이 있습니다.**

마음에도 저울이 있습니다.
가끔씩 가리키는 마음의 무게를 체크해 보아야 합니다.

열정이 무거워져 욕심을 가리키는지?
사랑이 무거워져 집착을 가리키는지?

자신감이 무거워져 자만을 가리키는지?
여유로움이 무거워져 게으름을 가리키는지?

자기 위안이 무거워져 변명을 가리키는지?
슬픔이 무거워져 우울을 가리키는지?
주관이 무거워져 독선을 가리키는지?

그래서 마음이 조금 무겁다고 느낄 때는
마음의 저울을 한 번 들여다보십시오!
마음에도 다이어트가 필요합니다.

세상을 살면서 사랑하는 일이 우선입니다.
인생은 잠시 스쳐 지나가는 바람이기 때문입니다.

교사! 그 아름다운 이름

## 94

# 내 인생의
# 멘토

그분은 거목巨木이셨다. 내 인생의 어느 한 페이지에 어느 날 홀연히 바람처럼 나타나 예기치 않은 인연이 시작되었다. 거목이면서 거목이 아니면서 어린아이의 순진무구함을 간직하고 계셨다. 너무나 인간적인 모습과 사람에 대한 애정뿐 아니라 모든 사물에 대한 애정을 향기처럼 풀풀 날리시는 분이셨다.

처음부터 장애가 있는 줄 알면서도 장애견障礙犬을 입양하여 키우시면서 식사를 하는 순간에도 강아지가 좋아한다고 음식을 일부러 남겨 챙겨 가실 정도로 다정다감하시기도 하다. 어느 순간은 지혜롭게 명철하시기도 하여 잠시 처마 밑에서 쉬어 가실 줄도 안다. 금수저이시면서 은수저도, 흙수저도 이해하고 보듬을 줄 아신다.

그런데 사람들은 이상하게 겉모습만 보고 판단한다. 그분이 가진 따뜻한 감성과 사람에 대한 애정의 눈길을 보려고 하지도 않는다. 사람에 대한 가치와 소중함을 아시는 분, 지켜야 할 때와 물러나야 할 때를 아시는 분, 무한한 애정으로 자존심을 지키면서 공존하고자

하는 나눔을 실천하시는 분, 쉴 때와 움직여야 할 때를 아시는 분이
지만 사람들은 겉으로 보이는 냉철함, 단호함이 그분이 가진 전부인
것으로 오해한다.

　나는 누군가의 오해로 가슴이 있다면 열어서 보여 주고 싶을 정
도로 답답할 때면, 내 마음이 어디로 가고 있는지 방향을 못 잡을 때
면, 커피 한 잔의 향내가 그리울 때면, 서러운 마음에 꺼이꺼이 울고
싶을 때면, 사람의 냄새가 맡고 싶을 때면 내 인생의 멘토를 찾는다.
내 곁에 든든한 울타리처럼 계신 그분이 있어 나는 천군만마를 얻은
것처럼 마음이 든든하다.

　그분에게서 나는 또 다시 어린아이마냥 생의 지혜를 배우고, 사람
과의 관계를 배우고, 마음을 배우고, 지혜를 배우고, 철학을 배운다.
더 소중함은 그냥 존재하는 것만으로도 다른 사람에게 따뜻함을 나
눌 수 있다는 걸 배운다. 내 인생의 영원한 스승으로 그림자처럼 나
를 지켜 주고, 아직도 배움을 연습하고 있는 나를 격려해 준다.
　다음에 그분을 만날 때는 더 늦기 전에 아직 하지 못한 말 "당신
이 있어, 당신을 만날 수 있어 내 인생은 행복했어요."라고 말하려
고 한다.

# 95

## 사랑하는
## 사람아!

사랑하는 사람아!

나 그대 만날 수 있어 축복이었어요. 그대 내 키다리 아저씨가 되어 나를 보듬어 주어서 나를 쉬게 해 주어서 유일하게 내 편이 되어 줘서 나 이렇게 행복하네요. 입안에서 맴돌기만 했던 사랑한다는 말. 그 말조차 아끼고 또 아껴서 보석처럼 다듬어 주려고 아직까지 전달도 못했네요. 있는 모습 그대로 나를 사랑해 준 당신에게 드릴 것이 없어 가슴 시리기도 했지만 그래도 괜찮다는 당신에게 그댈 만나서 감사하고 고맙다는 말도 제대로 못했네요.

사랑하는 사람아!

그대 이 세상에서 같은 생을 살아줘서 고마워요. 나의 아픔을 당신의 아픔보다 더 큰 아픔으로 느껴 주어서 고마워요. 내가 좋아한다고 결혼식장에 가서 꾸깃꾸깃 싸다 준 떡 한 조각을 베어 물며 당신의 사랑을 느끼게 해 주어서 고마워요. 어린아이마냥 투정부리며 심술부릴 때도 말없이 바라보며 안아 줘서 고마워요. 추운 겨울날 온기를 가진 손으로 내 시린 손을 녹여 주어서 고마워요. 길을 몇 시간 헤매도 괜찮다고 그럴 수 있다고 말해 줘서 고마워요. 진실이 통하지 않는다고 뭐 이런 세상이 다 있냐고 말하면 "그래, 그래." 하면서 맞장구쳐 줘서 고마워요.

때로는 우산이 되고, 때로는 시원한 그늘이 되어 내가 마음 편하게 쉴 수 있도록 해 줘서 고마워요. 그 때 알았으면 조금만 조심했더라면 실수하지 않았을 것이라고 후회할 때 "괜찮아. 사람들은 다 그러고 살아."라고 말해 줘서 고마워요.


사랑하는 사람아!

때로는 나의 열정이 지나쳐 바쁘다는 핑계로 알면서도 챙겨 주지 못해서 미안해요. 머리 한번 감겨 주고 싶었는데도 아직 할 일이 많다고 미루어서 미안해요. 힘들 때 먼저 손잡아 주지 못해서 미안해요. 마음을 알면서도 외면하는 날이 많아서 미안해요. 바람처럼 꽃처럼 편안하게 살지 못해서 미안해요. 잘난 척하고 나만 소중한 것처럼 말해서 미안해요. 나 혼자만 속이 꽉 찬 것처럼 말해서 미안해요. 미움도 욕심도 아집도 독선도 쉽사리 끊지 못해서 미안해요. 마냥 고맙고 감사하고 그래서 더 미안해요.

교사! 그 아름다운 이름

## 96

# 암과
# 친구되다!

선물처럼 주어진 삶 속에서 어느 날 예기치 않은 손님이 불쑥 찾아왔다. 몇 년 동안 같이 잘 지내다 웃으며 떠나보내야 하는 결코 반갑지 않지만 거절할 수도 없는 '암'이라는 친구.

건강검진 결과표에 조직검사를 요한다는 표시가 있었지만 집필에 집중하고 있는 시기라 무심코 넘겨버렸다가 어느 날 새벽 우연히 겨드랑이에 혹이 만져졌다. 검색을 해 보니 암일 확률이 90% 이상이었다.

병원에서 조직검사 후 악성이라는 결과가 나왔지만 난 솔직히 무덤덤했다. 어린아이들도 암과 불치병으로 부모의 가슴에 아이를 묻게 하는데 거기 비하면 나는 지금까지 살아온 것만으로도 감사하다는 마음이 먼저 들었기 때문이다. 그래서 그냥 담담한 마음으로 개인병원에서 수술 날짜를 잡았다.

그런데 가족을 비롯한 주변 지인들이 난리가 났다. 더 큰 병원에서 검사도 다시 해 보아야 하고 오진일 확률도 고려해야 한다는 등 많은 얘기가 난무하는 가운데 내 머릿속에는 오로지 3월 개강에 대한 생각뿐이었다. 결국 여러 과정을 거쳐 서울에 있는 두 종합병원에서 다시 검사가 시작되었다. 2월 방학은 검사의 연속이었으며, 한 병원은 임파선에 전이가 안 되었다고 하고, 한 병원은 임파선에 전이가 되어 수술보다 항암을 먼저 권유했다.

결국 2018년 3월 8일, 모 종합병원에서 항암치료가 시작되었다. 첫 항암제가 투여되었고, 투약을 하던 간호사가 모자랑 가발 준비해야 한다는 말에 나도 모르게 하염없이 눈물이 쏟아졌다. 간호사가 "첫 항암한 날은 하루 종일 울어요. 실컷 우세요. 두세 번 하면 그 다음에는 웃으면서 씩씩하게 혼자 맞으러 와요." 하는 말에 정말 울다가 웃었다. 말의 위로가 힘을 발휘하는 순간이었다. 이름 모를 간호사를 통해 나는 또 따뜻한 위안을 선물 받았고, 어떻게 위안을 해야 하는지를 배웠다.

항암치료 다음날부터 시작된 생각보다 심한 오심과 끊임없는 구토에 삶의 끈을 놓고 싶다는 간절한 바람 이외에는 아무런 생각이 들지 않았다. 인간을 인간답지 못하게 하고 삶의 질을 떨어뜨리는 최악의 상황이었다. 모든 걸 포기하고 주어진 시간만큼만이라도 인간답게 살고 싶었다. 그러나 며칠의 힘든 과정을 겪으면서 가족 이상으로 눈물겹게 챙겨 주는 주변의 많은 사람들 때문이라도 포기하지 말아야 한다는 생각이 들었다.

교사! 그 아름다운 이름

나는 암 진단으로 인해 주변을 다시 돌아보고, 인간관계를 새롭게 구축하는 계기가 되었다. 세상에서 나를 진정으로 이해해 줄 수 있는 친구가 한 명 있으면 행복이요, 두 명 있으면 행운이요, 세 명 있으면 하늘이 준 축복이라고들 한다. 돌아보니 나는 하늘이 준 축복 이상을 받은 사람이었다.

나의 암 진단 소식에, 비켜갈 수 있으면 좋았겠지만 이미 곁에 왔으니 받아들여야 한다면서도 그래도 하필이면 내가 이런 상황을 겪어야 한다는 사실에 꺼이꺼이 목 놓아 울던 사랑하는 사람.

진단 후 지금까지 먼 대구에서 매주 금요일마다 올라와 먹거리를 준비해 놓고 월요일 새벽이면 지친 몸을 이끌고 자기 삶의 터전으로 달려가는 막내 여동생은 나에게 한 조각이라도 더 먹이고 싶어 눈물겹게 나랑 투쟁한다. 엄마를 비롯하여 온 가족이 암과 투쟁한다.

항암 전 나랑 여행을 떠났던 평택의 공 센터장은 형제보다 더 나를 챙기는 벗이다. 하루 세끼를 꼬박 체크하고 좌절하지 않도록 끊임없이 문자를 보낸다. 나와 여행하던 날이 마침 본인이 뒤늦게 시작한 공부를 마무리하는 졸업식 날과 겹쳤음을 같이 여행한 김 교수를 통해 뒤늦게 알고 가슴이 먹먹하기도 했다.

김 교수는 동생처럼 살갑게 나에게 웃음을 선사하고 마음을 주고, 매일 아침 하루도 빠짐없이 기도문을 보내며 입맛에 맞는 반찬을 공수하느라 여념이 없다. 먼 곳에 있는 친동생들보다 더 살뜰하게 곁

일상! 그루터기가 되어 마주한 이름

에서 눈물겹게 챙겨 준다.

배 교수는 아주 오랜 공기 같은 벗이다. 내가 받았던 스트레스를 어느 정도 알고 있기에 나보다도 더 마음 아파하며 눈물겨워 하고 가슴 저려 한다.

모 대학의 선배 교수는 중책을 맡고 있는 바쁜 와중에 노니 주스를 챙겨 주시고 중간중간 잊지 않고 힘을 실어 주고 격려해 준다. 경기도 광주에 있는 고향 오빠네 부부는 호박죽이 먹고 싶다는 내 말에 먼 거리 마다 않고 죽을 안겨 주고 내 마음에 평안을 선물하고 돌아가곤 한다.

모 어린이집의 박 원장은 시시때때로 전화를 하고 나에게 밥을 먹이는 것이 자기 사명인 줄 안다. 같이 식사를 하면 할머니가 손자에게 하듯 생선을 발라주고 반찬을 챙기느라 정작 본인은 먹지도 못한다. 또 다른 대학의 위탁원장인 차 원장도 바쁜 와중에 나에게 웃음을 선사하고 마음을 선물한다. 안산의 김 원장도 새벽기도를 다니며 잊지 않고 중보기도의 힘을 실어 준다.

이 외에도 우리 학교의 총장님께서는 따뜻한 마음을 전해 주시고, 개인적으로 무지 좋아하는 우리 과의 카리스마 넘치는 교수님도 여지없이 여린 속살을 내보이시며 격려와 공감을 잊지 않으신다. 일일이 다 열거하지 못하지만 선후배들을 비롯해 많은 사람들의 격려 속에서 나는 암이라는 친구를 통해 새로 태어나고 있다.

문득 지금의 병은 어쩌면 내가 살아온 삶의 축적이며, 그 결과물인지도 모른다는 생각이 들었다. 사오 년 동안 나는 전혀 행복하지 않았으며, 주변에 언제 꽃이 피는지, 지금 은행잎이 물들고 있는지, 언제 낙엽이 지는지도 잊어버리고 살았다. 주변의 작은 것 하나에도 소중한 의미를 부여하고, 살아 있음만으로 감사하며 생활하던 내가 어느 순간 나를 잃어버리고 오로지 노예처럼 일에 매달려 앞만 보고 달려온 것이다.

　하나님이 보시기에 마치 브레이크가 고장 난 자동차처럼 앞만 보고 질주하는 나의 삶에 쉼이 필요한 순간이 어쩌면 지금일 수도 있겠다는 판단을 하시고 나를 사랑하기에 채찍을 한 번 들었다는 생각이 문득 들었다.

　심리적으로 힘든 상황을 벗어나기 위해 오로지 집필에만 매달리며 모든 것을 뒤로 미루어 두었던 나는 암이라는 친구를 통해 비움과 채움의 과정을 반복하며 나를 성찰했던 예전의 나를 찾아 걸음마를 배우듯이 하나씩 비움을 통해 채움을 연습하고 있다.

　처음으로 아파트 안의 하천을 따라 천천히 여유롭게 산책하면서 청둥오리를 만나고, 버들강아지의 새순을 보며 봄을 만끽하고, 아름다운 햇살의 템포를 온몸으로 받아들이며 자연의 경이로움에 감탄하면서 나를 비우고 또 나를 채워가고 있다.

일상! 그루터기가 되어 마주한 이름

지루한 나 자신과의 싸움 속에 때로는 우울한 감정을 주체하지 못해 찔끔찔끔 눈물을 흘리는 날들이 많기는 하지만 주변 사람들의 기도를 밑거름 삼아 위로를 받고, 주변 사람들의 눈물로 새싹을 틔우고, 주변 사람을 통해 감사라는 꽃을 피우며 나를 한 뼘씩 성장시키고 있다.

교사! 그 아름다운 이름

# 저자 소개

## 임경옥 Lim Kyoungook

강남대학교 특수교육 학사
경기대학교 교육대학원 유아교육 석사
강남대학교 교육대학원 유아특수교육 석사
단국대학교 대학원 유아특수교육 박사
전 참사랑 어린이집 주임교사
　　무지개 특수아동교육원 원장
　　수원여자대학교 겸임교수
　　나사렛대학교, 수원과학대학교, 한영대학교 외래교수
현 수원여자대학교 사회복지과 아동복지전공 교수

<주요 저서>

장애 영유아 발달 영역별 지침서 1~5권 공저, 학지사, 2010
보육교사 일반직무교육 공저, 양성원, 2016
원장 일반직무교육 공저, 양성원, 2016
보육교사 일반직무교육(심화) 공저, 양성원, 2017
원장 일반직무교육(심화) 공저, 양성원, 2017
특수교육학개론 공저, 학지사, 2017
발달지체 영유아 조기개입1-인지편 학지사, 2017
발달지체 영유아 조기개입2-수용언어편 학지사, 2018
발달지체 영유아 조기개입3-표현언어편(I) 학지사, 2018
발달지체 영유아 조기개입4-표현언어편(II) 학지사, 2018
발달지체 영유아 조기개입5-신변처리편 학지사, 2018
특수교구교재제작 공저, 학지사, 2018
아동권리와 복지 공저, 공동체, 2018

〈주요 논문〉

예비유아특수교사들의 관찰실습 경험에 대한 질적 연구 한국특수아동학회, 2013

장애영유아 미술치료 연구동향 분석-1997년부터 2012년까지 전문 학술지 중

　심으로 한국특수아동학회, 2013

보육교사의 전문성 인식과 통합교육 신념에 관한 연구 사회복지실천연구, 2013

예비보육교사들의 실습경험에 대한 이야기-보육교사교육원을 중심으로 한국콘텐

　츠학회, 2016

아동복지전공 예비보육교사들이 보육실습에서 경험하는 딜레마에 대한 탐색 한

　국콘텐츠학회, 2016

# 교사! 그 아름다운 이름
## -특수교사와 일반교사를 위한 인성 지침서-
The most shining job, Teacher

2019년   1월  15일  1판  1쇄  발행
2021년   2월  25일  1판  2쇄  발행

지은이 • 임경옥
펴낸이 • 김진환
펴낸곳 • ㈜ 학지사
04031 서울특별시 마포구 양화로 15길 20 마인드월드빌딩
대표전화 • 02-330-5114    팩스 • 02-324-2345
등록번호 • 제313-2006-000265호

홈페이지 • http://www.hakjisa.co.kr
페이스북 • https://www.facebook.com/hakjisa

ISBN 978-89-997-1680-5  03370

정가 14,000원

이 도서의 국립중앙도서관 출판시도서목록(CIP)은 서지정보유통지
원시스템 홈페이지(http://seoji.nl.go.kr)와 국가자료공동목록시스템
(http://www.nl.go.kr/kolisnet)에서 이용하실 수 있습니다.
(CIP 제어번호: CIP2018033958)

교육문화출판미디어그룹 학지사
심리검사연구소 인싸이트 www.inpsyt.co.kr
원격교육연수원 카운피아 www.counpia.com
학술논문서비스 뉴논문 www.newnonmun.com
간호보건의학출판 학지사메디컬 www.hakjisamd.co.kr